Gustav Dahrendorf

Hamburger Bürgermeister
des 20. Juli 1944

HEINRICH-KAUFMANN-STIFTUNG

Herausgegeben von der Heinrich-Kaufmann-Stiftung
des Zentralverbandes deutscher Konsumgenossenschaften e.V.,
Baumeisterstr. 2, 20099 Hamburg, Tel. 040 - 235 19 79 0, www.zdk.coop
Herstellung und Verlag: Books on Demand GmbH, Norderstedt
ISBN-Nr. 3 - 8334 - 3616 - 6

Inhalt

Vorwort   5

Gustav Dahrendorf
Der 20. Juli 1944.
Ein Jahr danach: Die Lehren des 20. Juli 1944   6
Der 20. Juli 1944, seine Hintergründe und seine
staatspolitischen Ziele   12
Das taten sie für Deutschland: Wilhelm Leuschner   16
Adolf Reichweins letzte Tage   18
Dr. Julius Leber – Mensch und Kämpfer   22

Michael Neumann
Vorsitzender der SPD-Bürgerschaftsfraktion
Äußerster Mut und Gestaltungswillen   26

Klaus Uwe Benneter MdB
Generalsekretär der Sozialdemokratischen Partei Deutschlands
Politik, seine Aufgabe und sein Schicksal   28

Lord Ralf Dahrendorf
Mitglied des House of Lords
Ein höchst moderner Sozialdemokrat   34

Prof. Dr. Edda Müller
Vorstand Verbraucherzentrale Bundesverband e.V.
Ein „praktischer Idealist"   38

Dr. Burchard Bösche
Vorstand Zentralverband deutscher Konsumgenossenschaften e.V.
Eine große genossenschaftliche Unternehmerpersönlichkeit ..   47

Walther G. Oschilewski
Gustav Dahrendorf. Ein Kämpferleben   54

Quellen   87

Vorwort

Gustav Dahrendorf war von den Männern des 20. Juli 1944 vorgesehen als Zivilbeauftragter für den Wehrkreis 10 und damit als Regierungschef für Hamburg. Unmittelbar nach seiner Rückkehr in die Berliner Bendlerstraße, noch im Glauben an den Erfolg seines Attentats auf Hitler, telegrafierte Graf Stauffenberg an die Hamburger Wehrkreisverwaltung, um ihr die Ernennung Dahrendorfs mitzuteilen. Für Dahrendorf bedeutete dies die Anklage vor Freislers Volksgerichtshof, und es war kaum fassbares Glück, dass er dem Galgen entging und „nur" zu sieben Jahren Zuchthaus verurteilt wurde. Seine Berichte über die letzten Tage der Widerstandskämpfer vor ihrer Hinrichtung sind die des einzig Überlebenden.

Dahrendorf war ein Politiker mit vielen Talenten. Nachdem er vergeblich versucht hatte, im Zentralausschuss der SPD der Sowjetzone die Zwangsvereinigung von SPD und KPD zu verhindern, kam er zurück in seine Heimatstadt Hamburg. Neben seiner sofort aufgenommenen politischen Tätigkeit in der Bürgerschaft und im Frankfurter Wirtschaftsrat engagierte er sich für die Konsumgenossenschaften, die Hamburger „Produktion", die Großeinkaufsgesellschaft deutscher Konsumgenossenschaften GEG und für den Zentralverband deutscher Konsumgenossenschaften (ZdK). Und er wurde Gründer und erster Vorsitzender der Arbeitsgemeinschaft der Verbraucherverbände, deren Aufgaben heute vom Verbraucherzentrale Bundesverband erfüllt werden.

Gustav Dahrendorf starb früh mit 53 Jahren. Gemeinsam mit der SPD-Bürgerschaftsfraktion hat der ZdK den 50. Todestag zum Anlass genommen, an diese beeindruckende Persönlichkeit mit einer Feierstunde im Hamburger Rathaus zu erinnern. Wir veröffentlichen hier die Reden, die bei der Veranstaltung gehalten wurden und die das weit gespannte Wirken Dahrendorfs umreißen. Ergänzt werden die Texte durch Berichte Dahrendorfs über die Ereignisse des 20. Juli 1944 und eine kurze Biographie, die Walther G. Oschilewski direkt nach Dahrendorfs Tod geschrieben hat.

Hamburg, November 2004
Burchard Bösche

Gustav Dahrendorf:

Der 20. Juli 1944

Ein Jahr danach: Die Lehren des 20. Juli 1944

Ein Jahr ist seit dem 20. Juli 1944, dem Tage des misslungenen
Attentats auf Hitler, vergangen. Der 20. Juli gab dem Hitler-Faschismus Anlass zu einem letzten Auftrieb in den Anstrengungen zur Verzögerung der militärischen Niederlage des faschistischen Deutschlands.
Eine riesige Verhaftungswelle ging über Deutschland. Zehntausende von Angehörigen der Wehrmacht, bis hinauf zu Generalfeldmarschällen, vor allem aber von unmittelbar beteiligten aktivistischen
Antifaschisten aus allen Schichten des Volkes und von verdächtigen
„ehemaligen" Kommunisten, Sozialdemokraten, Demokraten und
Zentrumsanhängern wurden in die Gefängnisse der Gestapo, in
Arbeitslager, Konzentrationslager und Zuchthäuser geworfen. Viele
Tausende von ihnen sind dann in Prozessen, die eine Verhöhnung des
Rechts und eine Krönung faschistischer Mordjustiz darstellten, zum
Tode verurteilt und erhängt worden.
Nicht nur durch Verhaftungen, durch Misshandlungen und durch
Mord, sondern auch durch die Mobilisierung einer erweiterten
Armee von Spitzeln und Denunzianten und durch vielfältige weitere Maßnahmen versuchte das faschistische Regime nach dem
20. Juli und im Gefolge der sich steigernden militärischen Niederlagen, die breiten Schichten des immer misstrauischer werdenden
Volkes einzuschüchtern. Mehr noch, die Goebbelssche Propagandamaschine steigerte ihre Tourenzahlen ins Ungemessene, um im Volke
Hoffnungen zu erwecken, die keine waren, und eine Siegesgewissheit
zu erzeugen, an der selbst die Auguren zu zweifeln begannen.
Doch keine Reorganisation des Heeres, keine „neue Waffe", kein
Massenmord an Antifaschisten, keine Massenverhaftung und keine
Propagandaaktion konnte das Verhängnis, dem das Naziregime entgegensteuerte, abwenden. Es reifte heran auf einem Boden, der – das
dürfen wir Antifaschisten am Jahrestage des 20. Juli bekennen – auch
durch die aufopferungsvolle illegale Arbeit antifaschistischer Aktivisten vorbereitet war. Wenn nicht mehr als eine solche Vorbereitung

möglich gewesen ist, dann wird die Geschichte der Epoche von 1933 bis 1945 einmal noch deutlicher offenbaren, was die Gegenwart schon zu erkennen beginnt:

Eine Welt musste ihre besten und gesundeten Söhne einsetzen und zu hunderthausenden opfern, eine Welt musste ihre gesamte wirtschaftliche Kraft vereinen und in ein gigantisches Rüstungspotential ummünzen, um den Faschismus und den preußisch-deutschen Militarismus endgültig niederzukämpfen!

Erst aus diesem Blickpunkt gewinnt man die Erkenntnis und die Einsicht, dass es auch bei gründlicherer Vorbereitung und letzter Beachtung aller Notwendigkeiten einer echten Konspiration für die aktivistischen Antifaschisten in Deutschland keine Chance gegeben hat, das Naziregime von innen heraus zu stürzen.

Um es vorweg zu nehmen: Das war auch die Lehre des 20. Juli!

Die seit der Totalkatastrophe Deutschlands von den antifaschistischen Kräften unmittelbar anzupackenden Aufgaben haben noch keine Zeit zu einem geschichtlichen Rückblick gelassen. Und doch zwingt uns der Jahrestag, zwingt uns der Opfertod bester deutscher Männer, einen Augenblick zu verhalten und die Frage zu stellen, auf die so viele Deutsche noch keine Antwort erhalten konnten: War der 20. Juli eine geschichtliche Tat?

War er nicht nur eine schlecht vorbereitete Aktion „mutlos gewordener Offiziere", die sich aus der Affäre ziehen wollten? War er nur ein dilettantischer Aufstandsversuch einer kleinen Offiziersclique? War er etwa gar ein Versuch unzufriedener Militaristen, sich in Verbindung mit politischen Reaktionären aus der Ehe des Faschismus mit dem Militarismus zu lösen?

Eine geschichtliche Erforschung des 20. Juli mag Tendenzen entdecken, die eine Deutung in der Richtung dieser Fragen zulassen.

Für die eigentliche geschichtliche Bewertung des 20. Juli aber ist eine solche Deutung nicht nur ungerecht, sondern falsch!

Entkleiden wir die Vorbereitungen des 20. Juli von allem Beiwerk, von Auseinandersetzungen und grundsätzlichen Differenzen, die im Kreise der Militärs und in Kreisen der beteiligten Männer der Politik gewiss zu Zeiten eine Rolle gespielt haben. Es bleibt dann die Erkenntnis, dass ein entscheidender und mächtiger politischer Wille die bewegende Kraft in den Vorbereitungen des 20. Juli gewesen ist.

Für diesen politischen Willen stand nicht die Frage im Vordergrunde, ob nach einem gelungenen Aufstand ein alt-liberales, ein demokratisches oder ein sozialistisches Deutschland gestaltet werden könnte. Er fragte auch nicht, ob Herr Beck nachher Reichspräsident, Herr Goerdeler Reichskanzler und irgendwer Reichsfinanz- oder Reichswirtschaftsminister sei. Er fragte auch nicht, ob Deutschland auf christlicher Grundlage wieder aufgebaut werden müsse, ob der Großgrundbesitz erhalten bliebe oder zerschlagen werden müsse.

Der politische Wille, der als treibende und entscheidende Kraft hinter dem 20. Juli stand, war einsichtig und überlegen genug, alle diese Fragen, die gewiss Gegenstand von Auseinandersetzungen gewesen sind, gering zu achten. Er hatte nur ein Ziel: Liquidation des Faschismus! Liquidation des Krieges!

Die Träger dieses politischen Willens wussten, dass die Konsequenz einer Liquidation des Krieges, die nur über den Weg einer Kapitulation möglich war, die Besetzung Deutschlands durch die verbündeten Nationen bedeutet. Sie wussten darum auch, dass der Wiederaufbau Deutschlands für eine längere Zeit nicht ausschließlich nach eigener Entscheidung, sondern wesentlich nach dem Willen der Besatzungsmächte durchgeführt werden würde. Auch ein erfolgreicher Aufstand der Antifaschisten hätte die Schuld des faschistischen Deutschland nicht tilgen können und hätte den Willen der verbündeten Nationen zur Ausrottung des Faschismus und des Militarismus nicht aufgehoben. Er hätte aber Hunderttausenden von Menschen das Leben gerettet, der Zerstörung der Städte endlich Einhalt geboten und eine Normalisierung des Lebens in Deutschland auf neuer und gesunder Grundlage wesentlich erleichtert.

Träger dieses politischen Willens waren gewiss nicht alle höheren Offiziere, die an den Vorbereitungen des 20. Juli teilhatten, sondern nur wenige von ihnen, waren gewiss auch nicht alle Männer der Politik, die in engster Verbindung mit den Militärs standen, aber doch die besten unter ihnen.

Es ist notwendig, heute einen großzügigen Überblick über die Vorbereitung des 20. Juli zu geben. Dieser Überblick wird vom Standort eines an den Vorbereitungen Beteiligten gegeben, der nur durch einen glücklichen und vielleicht zufälligen Umstand mit einer Freiheitsstrafe davonkam. Es gibt auch andere Standorte, von denen aus der 20. Juli der unglückliche Abschluss einer Aktion entweder einsichtiger oder unzufriedener Generäle oder auch der Versuch zur Wiederherstellung einer überwundenen reaktionären sozialen und politischen Ordnung war. Wesentlich jedoch für die gerechte geschichtliche Bewertung des 20. Juli ist allein eine Betrachtung auf der Grundlage jenes mächtigen politischen Willens, der alle am 20. Juli Beteiligten wenigstens im Negativen einigte, nämlich in dem Nahziel, den Faschismus und den Militarismus zu liquidieren. Wie stellt sich danach der Ablauf der Vorbereitungen dar?

In allen Kreisen der aktiven Antifaschisten war nie ein Zweifel über den Ausgang des Krieges. Der Krieg selbst belebte die unzusammenhängende illegale Arbeit gegen den Faschismus, wobei allerdings die Erkenntnis vorherrschend war, dass es ein politisches Mittel zur Beseitigung der Naziherrschaft nicht gab. Zugleich, und zwar bereits nach den militärischen Misserfolgen im deutschrussischen Krieg während des Winters 1941/42, machte sich in höheren Offizierskreisen eine zunehmende Skepsis wegen des Kriegsausganges bemerkbar. Diese Skepsis einer zunächst kleinen Zahl höherer Offiziere, von denen einige bereits aus dem aktiven Dienst ausgeschieden waren, steigerte sich noch im Jahre 1942 zu entscheidenden Überlegungen. Inhalt dieser Überlegung war: Hitler wird Deutschland ins Verderben führen, wenn ihm nicht Einhalt geboten wird! Wie aber kann das geschehen? Für einen Aufstand der Massen fehlten die machtmäßigen Voraussetzungen. Damit stellte sich die Frage, ob im Rahmen der Wehrmacht Möglichkeiten einer gewaltsamen Beseitigung der faschistischen Herrschaft gegeben sind. Diese Frage wurde bald bejaht, jedoch an sehr unterschiedliche Voraussetzungen geknüpft.

Einmal bestand Klarheit darüber wenigstens unter den aktivsten höheren Offizieren, wie z. B. bei Stauffenberg, dass in unserem Zeitalter ein militärischer Aufstand selbst bei gründlichster Vorbereitung auf eine Massengrundlage, die besonders in der Arbeiterschaft wurzelt, nicht verzichten kann. So entstand die Bemühung der Militärs mit einzelnen ihrer politischen Vertrauensleute, darunter vor allem Goerdeler, die Verbindung zur Arbeiterschaft, also zu führenden Männern der ehemaligen freien und christlichen Gewerkschaften herzustellen. Sodann waren die höheren Militärs sich darüber im klaren, dass ein geschlossener Einsatz militärischer Formationen nicht auf Grund einer allgemeinen Einsicht des mittleren Offizierkorps oder selbst der Truppenformationen in die Unhaltbarkeit des Naziregimes erreichbar war. Nur über den Weg der Befehlsgewalt war ein solcher Einsatz möglich. Daraus ergab sich als der entscheidende Start für einen Umsturz die Notwendigkeit, Adolf Hitler gewaltsam zu beseitigen. Daran sollte sich die sofortige Vereidigung der Wehrmacht auf Generaloberst Beck anschließen und alsdann innerhalb weniger Stunden ein Plan durchgeführt werden, der folgendes vorsah: Beseitigung aller führenden Nazis, Besetzung wichtiger öffentlicher Gebäude, Einsetzung einer provisorischen Reichsregierung und von Zivilbevollmächtigten in allen Wehrbezirken, Niederringung etwaiger Widerstände, sofortige Zurückziehung der Luftwaffe und der U-Boote, Kapitulationsangebot an die verbündeten Nationen usw.

Die Vertreter der Arbeiterschaft, die über diesen Plan informiert wurden, erkannten gewiss seine Unzulänglichkeit. Und doch mussten sie sich ihm unterwerfen, weil sie nicht nur die Mentalität des mittleren Offizierskorps und größerer Teile der Truppen kannten, sondern weil sie zugleich wussten, dass sich in einem Zusammenwirken von Wehrmacht und Arbeiterschaft wenn auch keine absolut sichere, so doch die einzige Gelegenheit zur Beseitigung der Naziherrschaft und zur Beseitigung des Krieges von innen heraus bot.

Das Attentat auf Hitler sollte schon im Frühjahr 1943, dann im Herbst desselben Jahres erfolgen. Immer wieder stellten sich Schwierigkeiten in den Weg, die oft zu Zweifeln, ja zu Spannungen führten. Spannungen gab es auch in den Kreisen der Beteiligten, die fast aus allen politischen Lagern kamen. Sie ergaben sich aus personellen Fragen, aber auch aus sachlichen Differenzen.

Inzwischen trat mit Stalingrad eine nun auch breiteren Kreisen erkennbare Wende des Krieges ein, die im militärischen wie im politischen Bereich die Bereitschaft zur Aktion steigerte. Es begann die Periode der unaufhaltsamen militärischen Niederlagen, in der es zuweilen schien, dass der natürliche Ablauf des Krieges das Schicksal des faschistischen Deutschland schnell besiegeln würde, ohne dass es eines gewaltsamen Eingriffes von innen heraus bedürfe.

In dieser Zeit wurde in kleinstem Kreis, und zwar unter Führung von Dr. Julius Leber, die Frage gestellt und positiv entschieden, ob es nicht notwendig sei, die militärisch-politische Widerstandsbewegung durch die Aufnahme von Verbindungen zu den Kommunisten zu erweitern. Es war besonders Professor Reichwein, der sich als Vermittler betätigte. Spät, nämlich erst am 22. Juni 1944, kam es im Osten Berlins zu einer ersten Besprechung. An ihr nahmen teil: Jakob Saefkow, Franz Jacob, Dr. Julius Leber, Professor Reichwein und ein weiterer Mann, von dem sich später erwies, dass er ein Gestapospitzel war. Noch in der Nacht vom 22. zum 23. Juni 1944 hatte der Verfasser Gelegenheit, ausführlich von Dr. Leber über den Verlauf dieser Besprechung zu hören. Sie hatte zu einer politischen Übereinstimmung auf einer Grundlage geführt, die durch den Lauf der Dinge vor dem Zusammenbruch Deutschlands nicht mehr Wirklichkeit geworden ist. Eine weitere Besprechung wurde für den 4. Juli vereinbart.

Diese Besprechung kam gar nicht erst zustande. Der Spitzel hatte seine Schuldigkeit getan. Die Gestapo schlug zu und verhaftete die Teilnehmer der Besprechung vom 22. Juni. Eine große Verhaftungswelle folgte. Hunderte von Verdächtigen wanderten in die Kerker der Geheimen Staatspolizei. Viele von ihnen haben dann den Weg zum Schafott antreten müssen.

Es besteht begründete Veranlassung zu der Kombination, dass die Durchführung des Attentats auf Adolf Hitler am 20. Juli in einem unmittelbaren Zusammenhang mit den geschilderten Ereignissen stand. Stauffenberg, der Generalstabschef des Ersatzheeres, einer der entscheidenden und politisch einsichtigsten Männer aus den Reihen der höheren Offiziere, war beherrscht von dem Gedanken, mit den durch die Verhaftung gefährdeten Männern des Verschwörerkreises vor allem auch Dr. Julius Leber zu retten, den er besonders schätzte und für den wichtigsten politischen Mann der Zukunft hielt. Die Möglichkeit einer solchen Rettung bot der 20. Juli, an welchem Tage Stauffenberg ins Führerhauptquartier befohlen war.

Ursprünglich sollte nicht Stauffenberg das Attentat durchführen. Der Lauf der Ereignisse hat ihn dann vor den Zwang gestellt, diese Tat selbst zu vollbringen. Sie wurde, nach als authentisch anzusprechenden Berichten, so vollzogen:

Stauffenberg flog zum Führerhauptquartier. Er führte bei sich eine Aktentasche, die eine Tellermine mit Zeitzündung enthielt. Im Arbeitszimmer Hitlers legte er die Aktentasche auf den Schreibtisch, an dem Hitler saß, und verließ dann unter einem Vorwand den Raum.

Stauffenberg begab sich zu seinem Flugzeug zurück. Noch bevor er es bestieg, vernahm er die Detonation der explodierenden Mine. Er unterstellte, dass sie ihre Aufgabe erfüllt habe, flog nach Berlin zurück, begab sich ins OKH und ließ nun den Plan abrollen, der nach gelungenem Attentat vorgesehen war. Dabei sind gewiss im Einzelnen unverständliche Fehler festzustellen. Es kann aber als sicher unterstellt werden, dass nicht sie für den Ablauf des 20. Juli entscheidend sind, sondern vor allem die Tatsache, dass das Attentat selbst misslungen war.

Hitler soll sich nur einige Sekunden vor der Explosion der Mine von seinem Platz erhoben haben und an eine auf der gegenüberliegenden Seite des Raumes befindliche Karte getreten sein. Überdies ist die Mine durch falsche Lagerung im wesentlichen nach unten explodiert.

Das ist in kurzen Worten der Hergang. Es ist müßig, darüber zu streiten, ob der 20. Juli besser hätte vorbereitet sein können oder nicht. Er ist und bleibt eine geschichtliche Tat. Man mag das Walten des Schicksals darin sehen, dass sie misslang. Nicht in jenem Sinne, in dem die Nazipropaganda es dargestellt hat, sondern in einem tieferen und geschichtlich größeren Sinn.

Um wirklich zur Einkehr und Umkehr zu gelangen, musste das deutsche Volk den Krieg im eigenen Lande erleben. Auch die Erinnerung an den 20. Juli möge es zu der notwendigen Erkenntnis bewegen, dass es auf ganz neuen Wegen und unter radikaler Abkehr vom faschistischen und militaristischen Ungeist sein künftiges Schicksal gestalten muss.

Der 20. Juli 1944, seine Hintergründe und seine staatpolitischen Ziele.

Im Jahre 1946 kam ein einstmals höherer Offizier zu mir. In unserer ersten Unterhaltung sprachen wir auch vom Krieg. Er war in Frankreich gewesen. Es fiel der Name von Stülpnagels. Von Stülpnagel war sein Chef gewesen, an den er sich lebhaft erinnerte. In unserer zweiten Unterhaltung erwähnte er, er habe von der Beteiligung von Stülpnagels am 20. Juli zwar nichts gewusst, aber manches geahnt. Beim dritten Mal erzählte er, er habe sich oft mit Stülpnagel unterhalten, ja, er sei in viele Einzelheiten eingeweiht gewesen. Schließlich, in unserer fünften Unterhaltung, erklärte er, im Grunde sei er ja auch ein Opfer des Faschismus, ein Beteiligter des 20. Juli. Es folgten entsprechende Eingaben. Und dann wurde er still und blieb es bis auf den heutigen Tag. Würde ich ihn jetzt treffen, gewiss schiene es ihm 1949 opportun, nichts zu wissen.

Man ist fast versucht, angesichts der neuen nationalistischen Grundströmungen in Deutschland von einer Renazifizierung zu sprechen. Zudem wird heute – angeregt auch durch die Figur des Oderbruch in Zuckmayers Drama „Des Teufels General" – oft die Kriegssabotage mit der deutschen Widerstandsbewegung in Verbindung gebracht, vor allem mit dem 20. Juli.

Kriegssabotage als Form des Widerstandes ist indes eine dichterische Erfindung von Zuckmayer. Es ist wichtig, das festzuhalten, um einer neuen Dolchstoßlegende zu begegnen, wie sie nach 1918 die politische Atmosphäre vergiftet hat. Es gab keine Sabotage im letzten Krieg. Dabei sind es neben subjektiven Gewissensgründen vor allem objektive Beweggründe, die den Verzicht auf Sabotageakte erklären. Sie sind zugleich entscheidend für die gesamte deutsche Widerstandsbewegung und vor allem für den 20. Juli: In einem totalitären Regime ist die Sabotage kein Mittel einer erfolgreichen Opposition. Sie hätte diese auf unbedeutende Einzelaktionen beschränkt.

Gab es überhaupt eine solche Opposition in Nazi-Deutschland? Ja, es gab sie seit 1933, wennschon zunächst ohne feste Kristallisationspunkte von größerer Bedeutung. Die Keimzellen der Opposition aber waren von Anbeginn die sozialistische Bewegung, katholische Kreise, zum Teil auch Protestanten, und Männer des Geisteslebens. Ihre Mittel und Methoden waren anfangs die Verbreitung illegalen Schrifttums und die Propaganda von Mund zu Mund. Viele Opfer hat dieser Kampf gekostet und dabei wenig Erfolg gebracht.

Mit der Konsolidierung des Dritten Reiches bröckelte die Opposition ab. Sie war gegen den Terror und die Entrechtung des Menschen. Sie sah früh die Kriegsgefahr, wie sie auch den Trick erkannte, mit dem die Arbeitslosigkeit beseitigt wurde. Lange Zeit glaubte die Opposition aller Richtungen an einen inneren Zusammenbruch des Regimes.

Dieser Glaube war eine große Täuschung. Viele in Deutschland machten ihren Frieden mit Hitler aus Angst, aus Feigheit, oder auch aus Idealismus. Auch das Ausland machte seinen Frieden mit Hitler, wie das englisch-deutsche Flottenabkommen, die Berliner Olympiade und vieles andere zeigt.

Erst Kriegsgefahr und Krieg gaben der Opposition neuen Auftrieb. Ebenso allerdings der Gegenwehr, der Gestapo und der SS. Jede Diktatur lebt nur durch die innere Apparatur zur Sicherung ihrer Macht durch Terror. Das war nicht nur in Deutschland so, das war und bleibt überall und immer so.

1938 und 1939 gab es nach wie vor die alten Oppositionskreise. Viele lebten in der Isolierung. Es gab auch oppositionelle Kreise in der Wehrmacht. Sie alle sahen die verhängnisvolle Politik, die auf den Krieg lossteuerte. Sie sahen einen neuen Weltkrieg und seine nationale Gefahr. Aber sie hatten kaum Verbindung untereinander.

Erst das wechselnde Glück des Krieges hat dann der Opposition neue Wege erschlossen und Verbindungen zwischen ihren Gruppen geschaffen. 1941, vor allem aber 1942 und 1943 sind die Jahre, in denen sich jene oppositionellen Regungen mehr und mehr vereinigten, die schließlich in den 20. Juli 1944 mündeten.

Welche Kreise waren an diesem Unternehmen beteiligt? Da waren zunächst zum Teil aktive, zum Teil beurlaubte höhere Offiziere, als deren Repräsentant Beck gelten kann. Sodann nahmen Männer aus an die Wehrmacht angrenzenden Kreisen teil, wie z. B. Canaris und Nebe, aber auch Gisevius und von der Schulenburg. Hinzu kamen Männer des diplomatischen Dienstes (von Haefften), Männer des kirchlichen und geistigen Lebens (Pater Delp, Pfarrer Poelchau, Gerstenmaier, Steltzer usw.), Sozialdemokraten und Gewerkschafter (Haubach, Mierendorff, Reichwein, Leber, Leuschner, Maass, Kaiser usw.), Männer aus der früheren Verwaltung und Wirtschaft (z. B. Goerdeler) und viele andere mehr.

Die Gesetze der Konspiration verhinderten allzu enge Tuchfühlung zwischen den Gruppen. Es gab aber Querverbindungen, in deren Mittelpunkt vier Gruppen standen: die Gruppe Goerdeler, die Gruppe Beck, die Gruppe Leuschner-Leber und der Kreisauer Kreis. Was, so mag man fragen, war die all diesen Gruppen gemeinsame Grundauffassung?

Negativ lässt sich diese leicht beschreiben. Sie alle waren gegen den Nazismus als ein System des Terrors, der Unmenschlichkeit, des systematischen Unrechts und der Korruption. Sie waren gegen die nationale Katastrophe des Krieges. Nur mühsam aber kristallisierten sich einige gemeinsame positive Vorstellungen über den Sinn des Kampfes gegen Hitler heraus, so vor allem die Beendigung des Krieges vor dem Zusammenbruch, die Herbeiführung eines Friedens der Verständigung und die Wiederherstellung eines demokratischen Rechtsstaates. Über entscheidende Fragen bestanden indes große Meinungsverschiedenheiten. Ich weiß mittelbar und zum Teil unmittelbar von vielen Besprechungen über Verfassungsfragen und ähnliches. Ebenso weiß ich von Erörterungen über Aufrufe und Erklärungen, die am Tage X verkündet werden sollten. Niemand vermag bislang, eine Gesamtübersicht über diese Pläne zu geben. Zudem aber haben mich solche Erörterungen damals nicht sonderlich interessiert. Mit Dr. Leber interessierten mich die ersten Maßnahmen, die zu treffen waren. Wir waren uns völlig darüber klar, dass weitergehende Konzeptionen durch die rauhe Wirklichkeit überholt werden würden. Entscheidend war vor allem anderen: Wie sollte die Aktion in Gang gesetzt werden? Das war die große Frage, für viele die Gewissensfrage.

Alle ernsthaften Männer des 20. Juli waren sich darin einig, dass nur der Tod Hitlers als Startschuss in Frage kam. Hitler war einmal der Inbegriff nationalsozialistischer Macht; sodann war seine Beseitigung der einzige Weg, den Soldatenneid auf Hitler zu lösen.

Mehrere Versuche, Hitler zu beseitigen, wurden unternommen. Aber sie scheiterten. Nachdem schließlich Julius Leber bei dem Versuch, Verbindung zu den Kommunisten aufzunehmen, verhaftet worden war, entschloss sich Stauffenberg, der in enger menschlicher und politischer Verbindung zu Leber stand, das Attentat selbst zu unternehmen. So kam es dann sehr spät doch noch zu dem entscheidenden Versuch.

Wir fragen heute nach den Lehren, die wir aus dem misslungenen Aufstand des 20. Juli zu ziehen haben. Es sind vor allem drei:

Erstens hat es den Anschein, als sei eine totalitäre Diktatur kaum durch Widerstand von innen heraus zu stürzen. Das Dritte Reich ging schließlich an seiner eigenen machtpolitischen Verblendung, also durch den Krieg, zugrunde.

Zweitens können wir die Lehre ziehen, dass in jedem totalitären Regime, auch wenn es einmal aus weltanschaulichen Antrieben entstanden ist, diese weltanschaulichen Antriebe mit Naturnotwendigkeit verloren gehen. Es bleibt nichts übrig als die Macht um ihrer selbst wegen, die Macht als Selbstzweck. Sie liegt in den Händen weniger, denen gegenüber alle anderen nichts als moderne Sklaven sind.

Und die dritte Lehre, die wir zu ziehen haben? Es ist von schicksalhafter Bedeutung, dass es uns, und vor allem der Jugend gelingt, unter den erschwerten Bedingungen eines verlorenen Krieges, eines zerstörten Landes, eines zerrissenen Reiches und unter der Besatzung tragfähige Grundlagen für ein soziales und wirklich demokratisches Deutschland zu schaffen. Man mag heute zuweilen zweifeln oder voller Skepsis den Erscheinungen unserer Zeit gegenüberstehen: Die Aufgabe muss gelöst werden, jede neue Diktatur zu verhindern, also eine wirkliche Demokratie zu entwickeln.

Männer des 20. Juli

Das taten sie für Deutschland: Wilhelm Leuschner.

Ich halte es für einen der unverlierbaren Aktivposten Deutschlands, dass die innere und aktive Gegnerschaft gegen Hitler vom ersten Tage an von Männern und Frauen geleistet wurde, die aus allen politischen Lagern kamen und die den verschiedensten sozialen Schichten angehörten.

In der Hitler-Zeit gab es viele Gruppen, die in unterschiedlicher Weise Widerstand leisteten oder für eine rasche Beendigung des Terror-Regimes kämpften. Es war nur natürlich, dass vor allem Angehörige der Arbeiterbewegung sich organisiert oder auch in loserer Verbindung zur Arbeit gegen die Hitler-Tyrannei zusammenfanden. Es entwickelten sich auch Querverbindungen zwischen sozialistischen und anderen Widerstandsgruppen.

Die umfassendste Widerstandsbewegung indes ist ganz zweifelsfrei diejenige, die im Zeichen des 20. Juli 1944 steht.

Ich erinnere mich selbst, dass ich in dieser Zeit in naher Verbindung stand – ich, der ich Sozialist bin und war – mit Wilhelm Leuschner mit Dr. Julius Leber, mit Carlo Mierendorff, mit Dr. Theodor Haubach, mit Hermann Maass, mit Professor Reichwein – alles Männer aus dem sozialistischen Lager. Aber ich stand mittelbar und unmittelbar auch in Verbindung mit Max Habermann, dem früheren Vorsitzenden des Deutschnationalen Handlungsgehilfen-Verbandes, auch mit Krebs, dem Vorgänger des Gauleiters Kaufmann, und mit dem Grafen von der Schulenburg. Und ich weiß aus der Arbeit mit diesen Männern, die ihrerseits in Verbindung standen mit höheren Militärs wie dem Generaloberst Beck, dass ich aus der Fülle der Unterhaltungen, aus der Fülle der Besprechungen, die sich um künftige und um damals gegenwärtige Dinge drehten, manches berichten müsste, um Aufschluss zu geben über die eigentliche Bedeutung dieser Widerstandsbewegung.

Vielleicht aber ist es mir in diesem Zusammenhang gestattet, eines zu sagen: Das Leitmotiv war für alle diese Arbeit der Männer und Frauen aus den verschiedensten Lagern, ein Regime zu beenden, das nicht nur die geistige Freiheit und die persönliche Freiheit unterdrückte, sondern das zugleich entsetzliches Unglück über das deutsche Volk, über alle europäischen Völker und über die Welt gebracht hat.

Ich erinnere mich noch heute mit besonderer Deutlichkeit und mit einer tiefen Erschütterung daran, wie, als ich im Konzentrationslager Ravensbrück war – es war im August / September 1944 -, eines Tages in die Zelle, die der meinigen gegenüberlag, ein gefesselter Gefangener eingeliefert wurde. Wir hatten die Möglichkeit, uns zu sehen, und sogar die Möglichkeit, uns in einer Zeichensprache zu verständigen. Dieser Gefangene war Wilhelm Leuschner.

Wilhelm Leuschner war bereits zum Tode verurteilt, und man hatte ihn dann erneut, nach dem Todesurteil, an die Gestapo ausgeliefert, die ihn, wie es hieß, brauchte, um von ihm weitere Auskünfte zu erpressen – man muss es so nennen, denn die Methode der Vernehmung war nichts anderes als eine Erpressung. Jeden Tag berichtete er mir in Zeichensprache, was man von ihm gewollt habe und wie man ihn misshandelt hat. Das ging sieben Tage lang, dann war er eines Tages nicht mehr in seiner Zelle. Später habe ich erfahren, dass er inzwischen erhängt worden war.

Ich vergesse nie, wie er mir am letzten Tage, als eine Verständigungsmöglichkeit zwischen uns noch bestand, hinterließ, er habe

die Hoffnung, dass ich diese furchtbare Zeit und das Hitler-Reich
überleben würde, und er hinterließe mir das Vermächtnis, alles zu tun,
dass nie eine Zeit wiederkehre, in der die Freiheit des Geistes und die
Freiheit der Persönlichkeit unterdrückt würde, wie dies durch Hitler
und sein Regime geschehen war.

Adolf Reichweins letzte Tage

Adolf Reichwein stand in engster Verbindung zu Dr. Julius Leber,
so wie auch ich. Und doch bin ich ihm in den Jahren der Vorbereitung des Aufstandes nie persönlich begegnet. Ich wusste von Adolf
Reichwein, von seinem glühenden Idealismus, der ihn eigentlich gegen seine ursprüngliche Bestimmung zur politischen Tat trieb. Diese
Tat wuchs bei ihm aus heiliger Leidenschaft, die getragen war von
dem unauslöschbaren Bewusstsein und Glauben, dass die Freiheit das
Element des Geistes sei. Um die Freiheit des Geistes, um die Freiheit
der menschlichen Persönlichkeit ging es ihm. Darum war er Sozialist.
Darum wurde er aktiver Kämpfer gegen Hitler.
Am 4. Juli 1944 wurde Adolf Reichwein verhaftet. Ich sah ihn zum
erstenmal im Gestapo-Gefängnis, Berlin, Lehrter Straße, nachdem
Dr. Julius Leber, Hermann Maass und ich am 28. September 1944
von Ravensbrück, wo wir sieben Wochen im Arresthaus des Frauen-
Konzentrationslagers aus Gründen der „Vernehmung" gesessen hatten,
nach der Lehrter Straße abtransportiert worden waren. Meine Zelle
befand sich im ersten Stock jenes Gefängnisflügels, den die Gestapo für die Häftlinge des 20. Juli hatte räumen lassen. Beim täglichen
Herausstellen des Kübels und des Wasserkruges hatte ich jeweils für
wenige Sekunden Gelegenheit, die Zellen auf der gegenüberliegenden
Seite des Erdgeschosses zu sehen.
Gleich am ersten oder zweiten Tage meines Aufenthalts in der Lehrter Straße sah ich Adolf Reichwein. Immer bleibt mir gegenwärtig,
was ich sah. Es war früh morgens. Reichweins Nachtlager war eine
Matratze, die unmittelbar hinter der Zellentür niedergelegt war.
SS-Wachbeamte waren dabei, Adolf Reichwein die Fesseln abzuneh-
men. Er wurde jeden Abend gefesselt. Mit Ketten wurde ein Arm
mit beiden Beinen zusammengefesselt: In dieser unglücklichen Lage

musste Reichwein des Nachts schlafen. Morgens wurden die Fesseln entfernt. Bei diesem Vorgang sah ich ihn zum erstenmal.

Es war kein Zweifel, er war's. Bleich und verhärmt das Gesicht, gezeichnet von den seelischen und körperlichen Qualen der Haft. Es ist unwesentlich, und doch sei es erwähnt: Mit dem gleichen Blick erfasste ich Reichwein, die Männer, die ihn entfesselten, das harte Lager und eine Ecke des Klapptisches an der Zellenwand, auf der ein Paket mit Knäckebrot stand. An den folgenden Tagen sah ich Adolf Reichwein wiederholt. So des Abends, wenn ihm die Fesseln angelegt wurden. Selbst durch den geöffneten Spion meiner Zellentür konnte ich seine Zelle sehen.

Es muss am 14. Oktober 1944 gewesen sein, als gegen zwölf Uhr mittags plötzlich meine Zellentür aufgeschlossen wurde. Ich schlang gerade die Wassersuppe herunter. „Schnell, schnell, fertig machen. Sie werden entlassen. Schnell ich ahnte, dass ich nur aus der Lehrter Straße in die Prinz-Albrecht-Straße, das Hauptquartier der Gestapo, entlassen wurde, keinesfalls aber in die Freiheit. Und doch zitterte ich, als ich meine kümmerlichen Habseligkeiten zusammenraffte, vor die Zelle trat und, einer lauten Aufforderung folgend, die eiserne Treppe hinunter ging ins Erdgeschoss, um gegenüber einem neben dem Ausgang gelegenen Verwaltungszimmer stehen zubleiben. Dort standen bereits Dr. Julius Leber, Adolf Reichwein, Hermann Maass und Dr. Loeser, der zu Goerdelers Zeit Bürgermeister von Leipzig gewesen war.

Wir mussten nacheinander in das Büro treten, um die uns bei der Aufnahme abgenommenen Sachen in Empfang zu nehmen. In der Wartezeit mussten wir mit dem Gesicht gegen eine Mauer gewandt stehen. Etwa zehn Minuten lang stand ich so etwa zwei Meter entfernt von Adolf Reichwein. In einem unbewachten Augenblick flüsterte ich ihm die Frage zu: „Sag, Reichwein, wie fühlst du dich, was erwartest du?" Er antwortete mit schwacher Stimme, dass er die Hoffnung habe, durchzukommen. Ich weiß nicht mehr, was er wörtlich sagte, aber es waren Worte der Hoffnung. Seine Worte und seine Haltung in diesem Augenblick, wie später in der Verhandlung vor dem „Volksgerichtshof", lassen sich nicht besser deuten als Annedore Leber es in einer Erinnerungsschrift sagt: Es schien oft so, „als ob das Ausmaß der Gefahr kaum in den Bereich seiner Vorstellungskraft zu dringen vermochte".

Wir wurden nach dieser „Entlassung" aus der Lehrter Straße mit der „grünen Minna" in die Prinz-Albrecht-Straße transportiert. Dort sah ich Reichwein während der nächsten Tage nicht.

Am Abend des 19. Oktober gegen 18 Uhr wurde mir die Anklageschrift „gegen Julius Leber und vier andere", nämlich Adolf Reichwein, Hermann Maass, Dr. Loeser und Gustav Dahrendorf, zugestellt. „Landesverrat, Feindbegünstigung, Hochverrat, Nichtanzeige eines hochverräterischen Unternehmens" waren die Anklagepunkte. 14 Stunden nach Zustellung der Anklageschrift, am 20. Oktober 1944 morgens 8 Uhr, sollte die Verhandlung vor dem Volksgerichtshof beginnen und begann sie auch.

In der Frühe des 20. Oktober wurden wir fünf Angeklagten in Handfesseln nach der Elsholtzstraße in Berlin-Schöneberg transportiert. Ich sah Adolf Reichwein wieder. Durch ein dichtes Spalier von uniformierten Polizeibeamten, jeder Angeklagte zwischen zwei baumlangen Tschakoträgern, wurden wir in den Verhandlungssaal des Volksgerichtshofes geführt. Wir fünf Angeklagte und zehn Polizeibeamte nahmen auf zwei Stuhlreihen Platz. In der ersten Reihe saßen Julius Leber und Adolf Reichwein, in der zweiten Hermann Maass und ich. Das Verfahren gegen Dr. Loeser wurde später abgetrennt, die Verhandlung also nur gegen uns vier Sozialdemokraten durchgeführt.

Diese Verhandlung trug alle Züge eines Schau- und Tendenz-Prozesses. Freisler, Prototyp des nazistischen Agitators und nazistischer Bestialität, willigstes Werkzeug nazistischer Rechtsbeugung, führte den Vorsitz. Neben ihm „Volksrichter" ohne Gesicht und Gewicht. Als Nebenfigur Oberstaatsanwalt Görisch, der Vertreter des Oberreichsanwalts. Vertreter einer hörigen und gehorsamen Presse. Offizial-Verteidiger, die entweder erbärmlich oder bemitleidenswert waren. Alsdann Zuhörer, und zwar Vertreter der Wehrmacht, der Gestapo, Verwundete und wenige Zivilisten.

Freisler schrie, gestikulierte. Keine Formulierung ohne entsetzliche Bosheit oder Brutalität, kein Fünkchen Menschlichkeit, keine Andeutung auch nur formalen Rechts. Vernehmung? Keiner der Angeklagten wurde vernommen. Freisler schrie die Daten des äußeren Lebenslaufs heraus. Bei allen Angeklagten, so auch bei Adolf Reichwein. Er duldete kaum ein „Ja" oder „Nein". Er überschrie sich,

als er die Anklage gegen Reichwein schleuderte, die große volks-
erzieherische Aufgabe, die das Reich Adolf Hitlers ihm übertragen
habe, durch Landes- und Hochverrat so schändlich vergolten zu haben. Es war aussichtslos, auch nur einen zusammenhängenden Satz
gegen Entstellung, gegen Lüge und Verleumdung zu wagen. Es war
unmöglich, auch nur ein Wort des Bekenntnisses zu sprechen.

Im Ablauf der Verhandlung gegen Adolf Reichwein gab es einen
großen und erschütternden Abschnitt. Reichweins Offizial-Verteidiger, dem jeder Versuch eines Einwands zu den „Tatbeständen" ab-
geschnitten worden war, bat schließlich, das Gericht möge doch die
außerordentlichen menschlichen Qualitäten seines Mandanten be-
rücksichtigen. Es schien, als wolle Freisler Adolf Reichwein sprechen
lassen.

Reichwein begann mit ganz leiser Stimme. Er konnte nicht lauter
sprechen. Die Haft mit ihren seelischen Erregungen und körperlichen
Misshandlungen hatte ihm die Stimmkraft genommen. Ich konnte
seine Stimme kaum vernehmen. Für Sekunden nur waren alle Blicke
auf ihn gerichtet. Mich packte eine tiefe Sympathie für diesen Mann.
So wie er da stand, war er Symbol alles Menschlichen, von dem selbst
in diesem Augenblick alle Qual des Leidens abfiel.

Er begann von seiner Arbeit zu sprechen. Er begann ... und einer
Meute gleich brach es aus Freisler heraus: Menschlichkeit, menschliche Werte? Wer das große Vertrauen so sehr geschändet habe wie
Reichwein, habe das Recht verwirkt, menschlich bewertet zu werden.
Schluss, Schluss – kein Wort mehr. Verbrecher, Verbrecher. ... Ein Or-
kan von brutalsten Formulierungen unterbrach die Stille, die sich für
einen Augenblick – nicht mehr war es – um diesen Menschen gebrei-
tet hatte.

Reichwein sprach später kein Schlusswort. Er hörte das Urteil:

„Adolf Reichwein hatte unser Reich trotz seiner einst sozialdemokratischen Gesinnung großzügig wichtige verantwortliche Arbeit ermöglicht.

Er wusste von des Verräters Goerdelers Umsturzplänen, tat aber nichts
dagegen. Außerdem wirkte er bei der Fühlungnahme mit Kommunisten entscheidend mit."

Den drei Freunden Julius Leber, Adolf Reichwein und Hermann
Maass galt alsdann folgender Teil des Urteils:

„Alle drei waren also an dem Verrat beteiligt, der, wenn er Erfolg gehabt hätte, unser Volk wehrlos unseren Feinden ausgeliefert hätte. Sie haben sich selbst für immer ehrlos gemacht. Sie werden mit dem Tode bestraft. Ihr Vermögen verfällt dem Reich."

Am Nachmittag des 20. Oktober 1944 wurden Leber, Reichwein, Maass und ich, begleitet von Gestapo-Beamten, mit der „grünen Minna" wieder in die Prinz-Albrecht-Straße transportiert. Wir saßen im Hauptraum dieses Wagens, mir direkt gegenüber Julius Leber, schräg gegenüber Adolf Reichwein. Sprechen durften wir nicht. Unsere Augen versenkten sich ineinander. Reichweins Augen suchten meine. Ich war zu sieben Jahren Zuchthaus verurteilt. Ich werde leben, wenn Hitler und Hitler-Deutschland längst vergessen sind. Reichweins Augen sprachen, sie sagten mir Grüße an seine Frau, seine Kinder, seine vielen Freunde. Sie verrieten hinter seiner todwunden Seele die Ewigkeit des Menschlichen, das auch aus seiner Tat und seinem Tode wieder auferstehen wird. ...

Am Abend des 20. Oktober 1944 wurde ich in meiner Zelle von Männern der Gestapo aufgesucht. Man wollte den Mann sehen, der als erster in den Verfahren des 20. Juli mit einer Zeitstrafe davongekommen war. Einer dieser Besucher trat mit den Worten ein: „Nun, Ihre Freunde Reichwein und Maass leben schon nicht mehr!" Sie leben wieder, in uns und durch uns!

Dr. Julius Leber – Mensch und Kämpfer

August / September 1944. Allmorgendlich treten einige politische Häftlinge, alle tragen KZ-Kleidung, in den kleinen Hof des Arresthauses des Frauen-Konzentrationslagers Ravensbrück zu einem etwa einstündigen Rundgang. Unter ihnen die Sozialdemokraten Dr. Julius Leber, Hermann Maass, Dr. Theodor Haubach und Gustav Dahrendorf.

Jede Unterhaltung ist streng verboten. Zwei SS-Männer wachen darüber, dass der Abstand zwischen den Gefangenen groß genug ist, eine Verständigung unmöglich zu machen. Wir sehen ein Stück Himmel. Wir atmen tief die Luft ein. Jeder sucht den Blick des Freundes, des

Schicksalsgenossen. Wir ahnen unser Schicksal. „Wettlauf mit dem Tode", hatte Theo Haubach mir einmal zugerufen. Der Zuruf beschäftigte, erregte mich. Das mag sich in Haltung und Antlitz geäußert haben. Julius Leber sieht mich durchdringend an, als wir mit Abstand einander passieren. Sein Körper strafft sich, sein Gesicht ist ein zugleich freundschaftlicher und trotziger Anruf: Lass dich nicht gehen, bewahre Haltung!

Oft sah ich ihn, ganz in sich gekehrt, ernst und sehr entschlossen, Inbegriff der Kraft, der Ungebrochenheit. Julius Leber wusste, was ihm bevorstand. Mit unendlicher Tapferkeit und Energie hatte er von 1933 bis 1937 Gefängnis- und KZ-Haft durchgestanden. In gleicher Haltung trotzte er den seither noch wesentlich gesteigerten und „verfeinerten" Methoden, mit denen die Gestapo Männern das Rückgrat zu brechen versuchte. Vier Nächte wurde er im August 1944 in der Sicherheitspolizeischule Drögen bei Fürstenberg i. M. „vernommen". Furchtbar waren die Misshandlungen, mit denen man ihn zu Aussagen über die Vorbereitungen des 20. Juli zwingen wollte. Julius Leber ertrug sie und schwieg. Dann teilte man ihm mit, die Gestapo habe seine Frau und seine beiden Kinder verhaftet, um so seinen Widerstand zu brechen. Nur wer Julius Leber kannte, vermag zu ermessen, wie tief ihn diese Nachricht traf. Doch nichts verriet seine menschliche Erschütterung. In souveräner Haltung machte er nun seine Aussage, die sich in allem Entscheidenden auf ihn selbst bezog. Er war beglückt, als er erfuhr, dass seine Frau und seine Kinder wieder entlassen seien.

Dr. Julius Leber war ein großer Mensch, er war eine kraftvolle Persönlichkeit, ein Politiker aus Instinkt und reichem Wissen.

Als elsässischer Bauernsohn wurde er 1891 geboren. Seine berufliche Entwicklung führte ihn aus kaufmännischer Tätigkeit wieder auf die Schule und Universität und alsdann in die Politik. Chefredakteur des „Lübecker Volksboten", Vorsitzender der SPD in Lübeck, Mitglied der Lübecker Bürgerschaft und von 1924 bis 1933 Mitglied des Deutschen Reichstages: das sind die Vertrauenspositionen, aus denen heraus er, der zeitlebens ein Kämpfer war, wirkte.

Nachdem er im Mai 1933 aus dem Konzentrationslager entlassen war, wurde Julius Leber Kohlenhändler in Berlin. Das winzige Bürohäuschen der Firma Bruno Meyer Nachf. in Berlin-Schöneberg, deren Mitinhaber er war, wurde sehr bald zum Treffpunkt politischer Freunde. Manches Gespräch ist hier geführt worden, das der Vorbereitung des Aufstandes gegen Hitler, des 20. Juli 1944, galt.

So unbändig in Julius Leber der Wille war, für Hitlers Sturz zu arbeiten, seine Vitalität verband sich mit einer seltenen politischen Einsicht, die ihn in allem leitete, was er unternahm. Wie wenige war er zu politischen Führungsaufgaben berufen. Wenn Max Weber im Jahre 1919 einmal aussprach, dass drei Qualitäten entscheidend seien für den Politiker – Leidenschaft, Verantwortungsgefühl, Augenmaß -, in Julius Leber waren diese Qualitäten vereinigt. Er war voller Hingabe an die „Sache" der Demokratie und des Sozialismus, „an den Gott oder Dämon, der ihr Gebieter ist". Leitstern seines Handelns war die Verantwortlichkeit gegenüber dieser „Sache". Und dazu besaß er die so seltene Fähigkeit des Augenmaßes, „der Distanz zu den Dingen und Menschen".

So sah er die Größe und doch zugleich auch die Begrenzung der Aufgabe, die der Wille zum Sturz Hitlers und zur Beendigung des Krieges stellte. Er wurde damit neben Wilhelm Leuschner und Dr. Carlo Mierendorff, der im Dezember 1943 bei einem Luftangriff ums Leben kam, zur eigentlich motorischen Kraft jenes Aufstandsversuches, der in den 20. Juli 1944 mündete und so unglücklich endete.

Es ist kein gültiges Urteil über den 20. Juli möglich, das nicht den großen antifaschistischen Aktivisten Julius Leber mit an den Ausgangs- und in den Mittelpunkt der Betrachtung stellt. Entscheidend durch Leber beeinflusst, war der 20. Juli für uns Sozialdemokraten ein Bündnis auch mit dem Teufel zu dem ausschließlichen Zweck, Hitler-Faschismus und Hitler-Krieg zu liquidieren. Nichts mehr! Leber wusste, in dem Bündnis mit Militaristen und Reaktionären lag die einzige Chance des Aufstandes. In seiner Begrenzung auf die Beendigung der Hitler-Herrschaft und des Krieges aber lag eine politische Notwendigkeit, die zugleich zwangsläufig war. Alle weitergehenden Pläne, wie jene von Goerdeler, über die oft und gründlich diskutiert wurde, interessierten Leber nicht. Er billigte ihren Grundzug nicht. Er wusste aber, diese Pläne sind ohnehin Makulatur, weil nach der Kapitulation zunächst die Besatzungsmächte die Macht in Händen haben werden.

Am 5. Juli 1944 wurde Julius Leber verhaftet. Er wurde das Opfer eines Spitzels, trotz der Wahrnehmung aller gebotenen Sicherungsmaßnahmen. Seine Verhaftung veranlasste zweifellos den ihm politisch eng verbundenen Obersten von Stauffenberg, am 20. Juli selbst das Attentat auf Hitler auszuführen, um damit auch Leber zu retten. Das erklärt die Unzulänglichkeit der Vorbereitungen, die nach dem missglückten Attentat deutlich wurde.

Tausende tapferer Männer sind nach dem 20. Juli 1944 durch die Guillotine geendet. Unter ihnen ist Dr. Julius Leber. Er fehlt uns! Unser Gedenken an diesen Menschen und Kämpfer ist eine große Verpflichtung zu tätiger Arbeit im Geiste der Demokratie und des Sozialismus.

Michael Neumann

Äußerster Mut und Gestaltungswillen

Heute vor 50 Jahren starb Gustav Dahrendorf – Redakteur, Reichs-
bannermann, Widerstandskämpfer gegen den Nationalsozialismus,
Vorstandsvorsitzender, Hamburger Sozialdemokrat.

Wir erinnern uns heute an eine herausragende Persönlichkeit, deren
Wirken beispielgebend ist und deren innere Festigkeit auch heute
noch beeindruckt. Sie beeindruckt – auch mich – gerade heute.

In einer Zeit, in der sich große Umbrüche in Politik und Gesellschaft
vollziehen, und viele Menschen davon bedroht sind, die Orientierung
zu verlieren. Die Orientierung, und – das müssen wir eingestehen –
manchen auch die Hoffnung, die unbestreitbar großen Herausforderungen und Belastungen der heutigen Zeit bestehen zu können. Wir
erinnern uns mit Gustav Dahrendorf an eine Persönlichkeit, die sich
durch äußersten Mut und Gestaltungswillen ausgezeichnet hat. Eine
Persönlichkeit, die sich für andere Menschen, für die eigene Weltanschauung und Überzeugung auch unter Bedingungen engagiert hat,
die für die eigene Person eine große Gefahr darstellten, eine existenzielle Gefahr.

Wenn wir uns heute an Gustav Dahrendorf erinnern, wenn gleich
anschließend Klaus-Uwe Benneter als Generalsekretär unserer Partei
den Lebenslauf, das politische und gesellschaftliche Wirken Gustav
Dahrendorfs nachzeichnet, dann skizziert er auch die Biografie eines
Hamburger Sozialdemokraten. Eines Hamburgers, über den ich heute
als sozialdemokratischer Fraktionsvorsitzender in der Hamburgischen
Bürgerschaft und als junger Mensch sagen kann, dass wir, dass ich
stolz bin, in einer solchen Traditionen stehen zu dürfen.

Als Gustav Dahrendorf so alt war, wie ich es heute bin – 34 – schrieb
man das Jahr 1935. Damals – 1935 – hatte er bereits Erfahrungen
machen müssen, erlitten und ertragen, von denen wir uns heute wün-
schen, dass wir sie niemals werden machen müssen. Politische Verfolgung, Gewalt, existenzielle Bedrohung in einem Ausmaße, die wir
es uns heute – Gott sei dank – auch kaum mehr in unserer Republik
vorstellen können.

Es folgten Grenzerfahrungen. Die Entscheidung zum Kampf gegen den Nationalsozialismus und zum Aufstand gegen Hitler. Die Hinrichtung der Verbündeten und Freunde. Haft und Folter. Vor diesem Hintergrund relativieren sich Herausforderungen und vor allem Belastungen der heutigen Zeit, von denen ich gerade gesprochen habe.

Die Biographie des Hamburger Sozialdemokraten Gustav Dahrendorf – sie zeigt insbesondere uns Jüngeren, dass uns – trotz aller unbestreitbaren Schwierigkeiten der Gegenwart – ein größeres Maß an Demut sicher gut zu Gesicht stehen würde. Das Leben und Wirken von Gustav Dahrendorf ermöglicht gerade uns Jüngeren in der Rückbesinnung, der Erinnerung an die Vergangenheit das wirkliche Erkennen der Gegenwart.

Dies soll die Probleme der Gegenwart nicht verniedlichen, sie aber in einen Rahmen stellen, der deutlich macht, dass Menschen, Sozialdemokratie und unsere Gesellschaft schon vor ganz anderen Herausforderungen gestanden haben. Das ist eine Erkenntnis, die Orientierung gibt. Am 30. Oktober 1954, heute vor 50 Jahren, ist Gustav Dahrendorf im Harz gestorben. Ihm zu Ehren und in seinem Gedenken haben wir uns heute hier versammelt. Im Namen meiner Fraktion, der sozialdemokratischen Abgeordneten heiße ich sie hier im Hamburger Rathaus herzlich willkommen.

Klaus Uwe Benneter

Politik, seine Aufgabe und sein Schicksal

Lassen Sie mich zu Beginn dem Zentralverband deutscher Konsumgenossenschaften und der SPD-Fraktion in der hamburgischen Bürgerschaft danken, dass sie – gemeinsam mit dem SPD-Parteivorstand – mit dieser Veranstaltung an Gustav Dahrendorf erinnern. Ich freue mich besonders, dass Sie, Lord Dahrendorf, heute hier sind, um gemeinsam mit uns an ihren Vater zu erinnern.

Mit Gustav Dahrendorf, der heute vor 50 Jahren viel zu jung, mit 53 Jahren verstorben ist, gedenken wir eines Sozialdemokraten, der in schweren und entscheidenden Jahren in der und für die SPD Verantwortung getragen hat. Er hat seinen festen Platz in der Geschichte der SPD und dieses Landes und er steht in der Reihe der bedeutenden Sozialdemokratinnen und Sozialdemokraten. Er ist einer von denen, die halfen, als Mitglied der SPD die Demokratie aufzubauen. Sein besonderer Einsatz galt der Gemeinwirtschaft. Auch daran denken wir heute. Als Generalsekretär der Sozialdemokratischen Partei liegt mir daran, auf die enge Verbindung des genossenschaftlichen Gedankens mit den Zielen der Sozialdemokratie hinzuweisen. Dabei ist mir wohl bewusst, dass bei der Genossenschaftsbewegung auch liberale und christliche Zielsetzungen eine Rolle spielen. Für Gustav Dahrendorf aber galt diese Verbindung zur Sozialdemokratie in ganz besonderem Maße.

Er wurde am 8. Februar 1901 in Hamburg geboren. Er entstammt einer Arbeiterfamilie. Sein Vater war seit seiner Jugend gewerkschaftlich aktiv und arbeitete in sozialdemokratischen Organisationen mit. Auch Gustav Dahrendorf engagierte sich schon früh mit 13 Jahren im Hamburger Arbeiterjugendbund.

Während seiner kaufmännischen Lehre blieb er politisch aktiv und trat schon in jungen Jahren bei größeren Versammlungen als Redner auf. Er war bald aktiver Repräsentant der neuen „jungsozialistischen Bewegung". Das war eine ideologische Rebellion gegen die als verknöchert empfundene damalige Erwachsenengeneration. Im Hofgeismar-Kreis der Jungsozialisten fand er Mitstreiter, mit denen er sich einig war: Sozialismus dürfe nicht ökonomisch und materialistisch eng gefasst werden. Sozialismus müsse die gesamte Gesellschaft durchdringen. Verbunden war diese Sicht mit einem klaren Bekenntnis zum Staat: Wer Politik treiben will – und man muss Politik treiben, wenn man die Gesellschaft verändern will – wer also Politik treiben will, kann Politik immer nur auf den Staat bezogen treiben.

Denn Politik erstrebt die „Umsetzung gesellschaftlicher Machtansprüche in staatliches Recht", wie es der Hofgeismarer Hermann Heller formulierte. Geprägt von Max Weber betrachtete Gustav Dahrendorf ganz persönlich Politik als seine „Aufgabe und sein Schicksal". So engagierte er sich an vielen Stellen und in mancherlei Ämtern.

Er gehörte dem Hamburger Landesvorstand der SPD an, der Gauleitung des „Reichsbanner Schwarz-Rot-Gold". Er war Leiter des „Hamburger Jugendringes".

Er trat als Redner auf und war seit 1924 Redakteur des „Hamburger Echo".

Für die SPD war er von 1927 an Mitglied der hamburgischen Bürgerschaft und zweiter Vorsitzender der hiesigen SPD-Fraktion. Im November 1932 wurde er 31-jährig in den Reichstag gewählt.

Nach der Machtergreifung Hitlers wurde Gustav Dahrendorf im März 1933 verhaftet und in „Schutzhaft" genommen, im Juni ein zweites Mal. Nach der Entlassung aus der KZ-Haft suchte er sich im Kohlenhandel eine neue Existenz aufzubauen. Er begann als Trainee – wie wir heute für einen gehobenen Azubi sagen würden. Doch schon bald stieg er zum Geschäftsführer großer Kohlenhandelsgesellschaften auf. Die dadurch bestehenden Verbindungen und Möglichkeiten nutzte er auch, um im Untergrund gegen das Nazi-Regime zu agieren. Gemeinsam mit den Sozialdemokraten Carlo Mierendorff, Wilhelm Leuschner, Julius Leber und vielen anderen bereitete er den Sturz Adolf Hitlers vor. Wegen seiner Beteiligung an der Vorbereitung des Aufstands am 20. Juli wurde Gustav Dahrendorf von der Gestapo verhaftet.

An seine Rolle beim Aufstand des 20. Juli 1944 zu erinnern heißt auch, den Beitrag von Sozialdemokraten an dieser patriotischen Aktion hervorzuheben. Deren Beteiligung blieb im Nachkriegsdeutschland lange unterbelichtet. Es waren ja nicht nur adelige und bürgerliche Offiziere, die den 20. Juli vorbereiteten. Der Kreis der Verschwörer ging weit darüber hinaus. Die Regierung für das Nachkriegs-Deutschland, das die Männer und Frauen des 20. Juli anstrebten, stützte sich auf viele politische Lager.

Gustav Dahrendorf sollte nach den Planungen für die Zeit nach Hitler das Amt eines Bevollmächtigten und kommissarischen Bürgermeisters von Hamburg übernehmen. In diesen Tagen vor sechzig Jahren, am 20. Oktober 1944, wurde Gustav Dahrendorf gemeinsam mit Adolf Reichwein, Julius Leber, Ewald Löser und Hermann Maaß vor dem „Volksgerichtshof" ein Schauprozess gemacht. Gustav Dahrendorf entging als einer der wenigen des Widerstandskreises dem Tod. Er wurde zu Zuchthaus-Haft verurteilt. So ist es nicht dieser 60. Jahrestag, der uns zusammen geführt hat. Dennoch darf er in der Erinnerung an Gustav Dahrendorf und seine Genossen nicht vergessen werden. Wie knapp Gustav Dahrendorf damals dem Tode entronnen ist, ist mir erst in der vorletzten Woche nochmals vor Augen geführt worden, als wir in Berlin des 60. Todestages von Adolf Reichwein gedacht haben. Adolf Reichwein war noch am selben Prozesstage in Berlin-Plötzensee gehängt worden.

Unmittelbar nach dem Ende des Krieges und des Faschismus setzte sich Gustav Dahrendorf für den Wiederaufbau des Landes ein. Einerseits wirtschaftlich: Er wurde zunächst Leiter der zentralen Kohlenstelle des Berliner Magistrats. Nach der Potsdamer Konferenz wurde er als erster Vizepräsident der Zentralverwaltung der Brennstoffindustrie in der sowjetischen Besatzungszone eingesetzt. In der damaligen Ostzone bemühte er sich mit großem Einsatz um den Wiederaufbau der SPD. Er gehörte dem Zentralausschuss der SPD und ihrem geschäftsführenden Vorstand an. So war er auch an der Auseinandersetzung um die schwerste Frage dieser Zeit für die Berliner SPD beteiligt.

Es war die Frage, ob die Sozialdemokratie selbständig bleiben oder unter Druck eine Vereinigung mit der Kommunistischen Partei eingehen sollte. Gustav Dahrendorf hat sich intensiv für den Erhalt der Selbständigkeit, für den Erhalt der SPD eingesetzt. Wie Sie wissen, ist dies letztendlich aber nur in den Westsektoren Berlins erfolgreich gewesen. Gustav Dahrendorf nahm 1946 die Berufung in den geschäftsführenden Vorstand der großen Hamburger Konsumgenossenschaft „Produktion" an und kehrte in seine Heimatstadt zurück. Damit fand er in der Gemeinwirtschaft sein neues Tätigkeitsfeld. Er widmete sich auch diesem mit voller Energie:

- Immerhin wurde Gustav Dahrendorf bald zum Geschäftsführer der Großeinkaufs-Gesellschaft deutscher Konsumgenossenschaften (GEG) gewählt. 1949 übernahm er das Amt des Vorsitzenden der Geschäftsleitung der GEG und 1951 gleichzeitig den Vorsitz im Vorstand des Zentralverbandes deutscher Konsumgenossenschaften e. V. Im gleichen Jahr berief ihn auch der Zentralvorstand des weltumspannenden Internationalen Genossenschaftsbundes in seinen Leitenden Ausschuss.

Doch auch sein politisches Engagement erlahmte nicht. Seit 1946 gehörte er wieder der Hamburgischen Bürgerschaft an. Von dort wurde er in den Frankfurter Bi-Zonen-Wirtschaftsrat entsandt. Als Vizepräsident des Wirtschaftsrates setzte er sich in zahlreichen Debatten für die soziale Verantwortung der Wirtschaft und für den Genossenschaftsgedanken ein.

Seine, unsere Partei – die SPD – sah er in der Verantwortung, für eine soziale und demokratische Wirtschafts- und Gesellschaftsordnung zu kämpfen. Er mahnte uns dabei, stets eine zeitgemäße Form und Ansprache zu suchen, überholte Lehren abzulegen und sich neuen sozialen Tatsachen nicht zu verschließen.

Seine zentrale Lehre aus den Erfahrungen des Nationalsozialismus war: „Es ist von schicksalhafter Bedeutung, dass es uns, und vor allem der Jugend gelingt, unter den erschwerten Bedingungen eines verlorenen Krieges, eines zerstörten Landes, eines zerrissenen Reiches und unter der Besatzung tragfähige Grundlagen für ein soziales und wirklich demokratisches Deutschland zu schaffen. Man mag heute zuweilen zweifeln oder voller Skepsis den Erscheinungen unserer Zeit gegenüberstehen: Die Aufgabe muss gelöst werden, jede neue Diktatur zu verhindern, also eine wirkliche Demokratie zu entwickeln." Aus seiner Schrift „Ein Jahr danach: Die Lehren des 20. Juli" (1945)

Gustav Dahrendorf hatte noch viel vor. Er wollte weiter seinen Einsatz bringen und diesen Prozess weiter treiben und begleiten. Darum hatte er sich nach Braunlage zur Kur begeben. Dort starb er plötzlich am 30. Oktober 1954 im Alter von nur 53 Jahren.

Das ist der Anlass, heute nach 50 Jahren an diesen großen Sozialdemokraten zu erinnern. Heute geht es aber nicht allein um die histo-

rische Würdigung eines fortschrittlichen und mutigen Sozialdemokraten. Ohne die Verknüpfung der vielen Aktionsfelder von Gustav
Dahrendorf ist sein Leben und Wirken nicht zu verstehen. Für ihn
war die Politik in allen Phasen seines Lebens „Aufgabe und Schicksal". Mit dieser Überzeugung ging er als junger Mann in die Politik.
Sein Widerstand gegen den Nationalsozialismus war für ihn unab-
dingbare Notwendigkeit. Und aus Prinzip war er Gegner der Zwangsvereinigung der SPD mit der KPD.

Bis zuletzt setzte er sich mit aller Kraft für die Gemeinwirtschaft und
für die Sozialdemokratie ein. Seine Ideen bleiben und wirken weiter.

Weder die Sozialdemokratie noch die Gemeinwirtschaft sind mit
dem 20. Jahrhundert erledigt. Beide sind aktuell – und notwendiger
denn je. Und beide sind noch immer zukunftweisend. In Deutschland
gibt es etwa 9.000 eingetragene Genossenschaften mit 20 Millionen
Mitgliedern – wenn dies auch überwiegend große Wohnungsgenos-
senschaften und die Volks- und Raiffeisenbanken sind.

Gleichwohl ist eine Renaissance des Genossenschaftsgedankens
sichtbar.

Dies liegt eben auch daran, dass der Genossenschaftsgedanke weiter
aktuell ist.

Selbstverwaltung, Selbsthilfe, freiwillige Selbstorganisation und So-
lidarität, das Wissen, gemeinsam für ein Ziel zu arbeiten, sind Wer-
te wirtschaftlichen Handelns, die wir heute mehr denn je brauchen.
Insofern sind Genossenschaften Unternehmensformen mit großer
Zukunft. Der freiwillige Zusammenschluss auf genossenschaftlicher
Basis verspricht direkten Informationsfluss zwischen Kunden und
Unternehmen. Sie sind eben näher am Markt als große Unternehmen.

Gesellschaftliches Zusammenleben muss so gestaltet und organisiert
sein, dass sich der Einzelne in einer solchen Gesellschaft frei, wohl, sicher und gesichert fühlen kann. Das Zusammenstehen als Genossin-
nen und Genossen in einer Genossenschaft ist Leben in solidarischer
Gemeinschaft und Vorbild und Urbild einer auf sozialer Marktwirtschaft im wahrsten und eigentlichen Sinne begründeten Gesellschaft.
So wie gemeinschaftlicher Einsatz in einer Zeit, in der oft Vereinzelung und Entsolidarisierung beklagt wird, wegweisend ist, so bemüht
sich die Sozialdemokratie angesichts der großen Herausforderungen
einer sich rasant ändernden Welt Sicherheit zu schaffen. Es ist diese

„neue soziale Tatsache", die wir – im Sinne Gustav Dahrendorfs – heute aufnehmen. Die Menschen sind durch den derzeitigen Wandel zutiefst verunsichert. Aber sie wissen zugleich, dass der Wandel notwendig ist, um weiterhin soziale Sicherheit gewährleisten zu können. Und die Menschen wissen heute auch, dass wir ein gutes, friedliches, immer wachsendes halbes Wohlstandsjahrhundert hinter uns haben. Diese Erfahrung und diese Erfolgsgeschichte wollen und müssen wir weitergeben.

Deshalb unternehmen wir alles, den kommenden Generationen faire Chancen zu geben, damit sie ihre Fähigkeiten entwickeln und einbringen können. Familien, Kinder und ihre Betreuung, Bildung, Ausbildung, Innovationen in Forschung und Entwicklung sind nicht nur aus demographischen oder ökonomischen Gründen vordringlich. Es sind die immer „neuen sozialen Tatsachen", die uns herausfordern.

Dies in seinem kurzen Leben nicht nur vorausgesehen und vorausgesagt zu haben, sondern immer danach auch gelebt zu haben, ist das bleibende Vermächtnis des großen Sozialdemokraten Gustav Dahrendorf. Der wesentliche Antrieb seines Handelns war immer: die soziale Verpflichtung des Eigentums, die gesellschaftliche Verantwortung aller, die Solidarität und die Stärkung der Selbsthilfe. Jeder muss die Chance bekommen, und dann im Rahmen seiner individuellen Möglichkeiten eigenverantwortlich nutzen, seinen Teil an unserer Zukunft – einer Zukunft in sozialer Sicherheit und solidarischer Gemeinschaft – mitzubauen. Und damit weiterzubauen an dem „sozialen und wirklich demokratischen Deutschland", dessen Bau Gustav Dahrendorf maßgeblich mit vorangetrieben hat.

Lord Ralf Dahrendorf

Ein höchst moderner Sozialdemokrat

Lassen Sie mich zuerst denen danken, die sich an unseren Vater erinnern und den heutigen Anlass in die Wege geleitet haben, also der
SPD in Hamburg und in Berlin und dem Zentralverband deutscher
Konsumgenossenschaften. Mein Bruder Frank wäre eigentlich eher
als ich befugt gewesen, bei dieser Gelegenheit zu sprechen; er hat die
politische Familientradition fortgeführt, während ich in noch liberale-
re Gefilde gewandert bin. Doch fühlen wir beide eine große Nähe zu
unserem Vater. Genau gesagt kommt uns beim Erinnern vor allem in
den Sinn, wie nahe all das ist, was unseren Vater bewegte und was er
bewegt hat, auch wenn wir es heute in andere Worte fassen würden.

Noch sehe ich den Trauerzug, der sich nach dem feierlichen Toten-
gedenken am Besenbinderhof formierte, mit unserer Mutter und uns
beiden an der Spitze. Wir standen unter dem Schock des plötzlichen
Todes von Gustav Dahrendorf. Sein Leben war kurz, zu kurz. Es war
dennoch ein erfülltes Leben. In seinem öffentlichen Gesicht lässt es
sich mit einem Wort beschreiben, das heute einen geradezu altertüm-
lichen Klang hat: Gustav Dahrendorf war ein Mann der Arbeiterbewegung.

Die Arbeiterbewegung hatte, so prägte unser Vater uns ein, drei vielfach miteinander verbundene Säulen: die Sozialdemokratische Partei,
die Gewerkschaften und die Genossenschaften. Er hätte noch die
Arbeiterbildung hinzufügen können, von der er, der Volksschüler, Anfang der 20er Jahre profitiert hatte. Man bemerke: nichts von alle dem
war „der Staat": die Arbeiterbewegung entsprang ganz und gar der
Bürgergesellschaft, also der Initiative „von unten", die heute so schwer
zu ermuntern ist.

Unser Vater hatte es mit allen drei Säulen der Arbeiterbewegung zu
tun, wenn auch mit den Gewerkschaften nur kurz. In den Wirren
des Kriegsendes 1918-19 entdeckte sein Arbeitgeber, der Inhaber
der Papierhandelsfirma, in der er seine Lehre absolviert hatte, ihn
eines Tages auf dem Rathausmarkt, wo er auf einer Apfelsinenkiste
stehend revolutionäre Reden hielt. Das war das Ende des Papier-
handels und der Beginn der aktiven Politik. Er trat in die SPD ein,

und diese – so unwahrscheinlich das klingen mag – schickte ihn bald schon – er war noch nicht 21, glaube ich – nach Oberschlesien, um dort beim Aufbau einer Gewerkschaft der Arbeiter in der Schwerindustrie zu helfen.

Ganz erfolglos kann diese Exkursion nicht gewesen sein, denn ihr folgte eine erst von der Machtergreifung der Nazis unterbrochene politische Karriere hier in Hamburg als Redakteur des "Hamburger Echo" und als Mitglied der Bürgerschaft. Wir haben nach 1946 noch von den Folgen dieser Tätigkeit profitiert, denn unser Vater war in der Bürgerschaft Vorsitzender des Domausschusses gewesen. Das bedeutete, dass er von seinen alten Freunden, den Schaustellern – Männern wie Josef Schipppers und Otto van de Ville – immer noch Freikarten für die Jahrmarktsvergnügungen auf dem Heiligengeistfeld bekam, mit denen wir dann unsere Freunde entzückten.

Manche haben vom bitteren Ende dieser Jahre gesprochen, das uns nach Berlin führte. Auch der Widerstand gegen die Nazidiktatur, in dem unser Vater mit Julius Leber und anderen kämpfte, war noch eng mit der Arbeiterbewegung verknüpft. „Schafft mir die Einheit!" hatte Wilhelm Leuschner unserem Vater zugerufen als die beiden sich zum letzten Mal in einem Gestapo-Quartier – ich glaube in der Prinz-Albrecht-Strasse – begegneten. Im Nachhinein war das ein problematischer Rat. Historisch muss man fragen, ob eine einzige große Partei der Linken den Nationalsozialismus wirklich hätte in seine Schranken weisen können. Politisch führte diese Theorie nach 1945 zunächst zu der Hoffnung, dass die Vereinigung der „Arbeiterparteien" Voraussetzung der neuen Demokratie sei. Das Drama nahm seinen Lauf, jedenfalls in der sowjetischen Besatzungszone. Unser Vater und andere Sozialdemokraten forderten die Einheit, aber Walter Ulbricht und die mit ihm aus Moskau zurückgekehrten Kommunisten glaubten, ihren Weg alleine gehen zu können. Als sie merkten, dass das nicht ging, weil die Menschen eher den Sozialdemokraten folgten, schwenkten sie um; aber freiheitsliebende Sozialdemokraten liessen sich nicht täuschen. Da waren herbe Entscheidungen zu treffen. Wir sind immer stolz gewesen, dass unser Vater unbeirrbar blieb, die Zwangsvereinigung von SPD und KPD also konsequent ablehnte und dabei zum Unterschied von Grotewohl und anderen politisch-moralische Grundsätze über offenbare persönliche Vorteile stellte.

Seit 1946 wieder in Hamburg, setzte er seine Tätigkeit in der SPD fort. Sie war von Hindernissen begleitet, vor allem weil unseres Vaters Beziehung zur damaligen Parteiführung, also zu Kurt Schumacher, gespannt blieb. Das ist ein weites Feld, auf das ich mich bei diesem Anlass nicht begeben werde.

Anzumerken ist, dass unser Vater in jenen Nachkriegsjahren bereits ein höchst moderner Sozialdemokrat war, der gleichsam die Versöhnung der Sozialdemokratie mit der westlich orientierten Bundesrepublik, die im Bad Godesberger Parteitag von 1960 ihren Ausdruck fand, schon 1950 vorwegnahm. Als Vizepräsident des Zweizonen-Wirtschaftsrates unterstützte er die Erhardschen Begleitentscheidungen zur Währungsreform. Aus Hamburg kamen von besorgten Sozialdemokraten Fragen und Bitten: „Die Rationierung ist der Schutz der Armen." Ganz leicht war es nicht, sie zu überzeugen, dass die Aufhebung der Rationierung die Läden mit Gütern füllen würde.

Eine beträchtliche Meinungsverschiedenheit begleitete auch die Entscheidung der SPD, im Bundestag gegen den Schuman-Plan zur Schaffung der Montanunion, also der EGKS zu stimmen. Unser Vater schrieb flammende Plädoyers, in denen er die historische Verantwortung der SPD für ein neues und einiges Europa anmahnte.

Damals war er bereits ganz verbunden mit der dritten Säule der Arbeiterbewegung, den Genossenschaften. Waren sie das noch, eine „Säule der Arbeiterbewegung"? Als ich ihm einmal zu bedenken gab, nach meiner Meinung seien die Genossenschaften nur ein Grenzfall der Aktiengesellschaft mit besonders breiter Streuung der Anteile, mochte er das nicht. Für ihn blieben die Genossenschaften Teil der Welt, aus der er kam. Zugleich aber lag ihm daran, sie fit zu machen für die neue Welt der Marktwirtschaft. Andere sind indes berufener, über dieses Thema zu sprechen.

So gehen die Erinnerungen noch einmal zurück: zum 50. Geburtstag 1951, der Silbernen Hochzeit unserer Eltern 1952 – es ging bergauf im Land und auch im Leben unserer Familie. Aber schon hörte man von erschöpften Managern, die sich zu wenig geschont hatten. Herzinfarkte nannte man damals die „Managerkrankheit". Geschont hatte sich unser Vater sicher nicht seit der Zeit des Widerstandes, der Haft in Gestapolagern und im Zuchthaus Brandenburg, der Befreiung und dem Aufbau der Zentralen Kohlenstelle in Berlin im Mai 1945 und allem, was dann noch folgte.

Wir haben unseren Vater geliebt. Wir sind aber auch sehr stolz auf ihn. Bald nach seinem Tod am 30. Oktober 1954 gab ich ein Buch seiner Reden und Aufsätze heraus mit dem Titel: *Der Mensch das Maß aller Dinge.* Das war das Grundmotiv seines Lebens. Er war nicht religiös, aber getragen von tiefen moralischen Überzeugungen. Und von dem Glauben des altes Liedes der Arbeiterbewegung, das ich selbst im Gestapolager Weihnachten 1944 gelernt und gesungen habe: Wann wir schreiten Seit' an Seit' / und die alten Lieder singen / und die Wälder widerklingen / fühlen wir, es muss gelingen: Mit uns zieht die neue Zeit! Mit uns zieht die neue Zeit.

Man kann es das Vermächtnis unseres Vaters nennen, die neue Zeit, die durch sein Wirken und das vieler anderer in Deutschland und Europa in den letzten 50 Jahren entstanden ist, mit Fantasie und Schwung und der tief begründeten Zielstrebigkeit, die Gustav Dahrendorf auszeichnete, lebendig zu halten.

Edda Müller

Ein „praktischer Idealist"

Gustav Dahrendorf war ein „praktischer Idealist". Bei der Beschäftigung mit der Literatur über und von Gustav Dahrendorfs zur Vorbereitung auf die heutige Veranstaltung fand ich diese Charakterisierung. Sie scheint mir die Persönlichkeit und das Wirken Gustav Dahrendorfs zutreffend zu beschreiben. Gustav Dahrendorf hatte Ideale und Visionen. Er war jedoch kein Schwärmer und theoretisierender Beobachter, sondern ein Mann der praktischen und konkreten Tat. Dies gilt für seine politische Arbeit, sein Wirken bei den Konsumgenossenschaften. Es gilt auch für sein Eintreten für die Verbraucher und den Verbraucherschutz, über das ich sprechen werde.

Ich möchte Herrn Dr. Bösche ganz herzlich für seine Einladung zum heutigen Gedenken an Gustav Dahrendorf danken. Durch das Lesen der Werke Dahrendorfs hat er mir ein großes Vergnügen bereitet. Die Gedanken und Motive, die Gustav Dahrendorf veranlasst haben, für die Gründung der Arbeitsgemeinschaft der Verbraucherverbände im Jahre 1953 einzutreten, sind heute noch ebenso richtig und wichtig wie vor 51 Jahren. Sicherlich ist die materielle Situation der Verbraucher heute mit der der unmittelbaren Nachkriegszeit nicht zu vergleichen. Wichtige gesetzliche Regelungen zur Begrenzung wirtschaftlichen Machtmissbrauchs und zum Schutz der Verbraucher vor gesundheitlichen Gefährdungen und materieller Übervorteilung wurden geschaffen. Misst man aber die heutige Situation der Verbraucher und den Stellenwert der Verbraucherpolitik in der allgemeinen Politik an den Grundüberzeugungen und Einsichten Dahrendorfs, so muss man feststellen, dass die Vision Gustav Dahrendorfs von einer wirtschaftlichen und gesellschaftlichen Ordnung, die den „Verbraucher aus seiner Vereinzelung und der sich daraus ergebenden Ohnmacht" befreit und ihn zum „Subjekt der Wirtschaft"[1] macht, noch immer nicht eingelöst ist.

Im vergangenen Jahr haben wir den 50. Jahrestag der Gründung der AgV in Berlin gefeiert. Gustav Dahrendorf war einer der Gründer der AgV, und er war bis zu seinem Tod am 30. Oktober 1954 der 1. Vorsitzende der AgV. Als Alleinvorstand des vzbv – des Bundesverbands der Verbraucherzentralen und Verbraucherverbände – habe ich in dieser Funktion praktisch sein Erbe angetreten. Der vzbv ist die Nachfolgeorganisation der AgV. Im Jahr 2000 wurden drei auf Bundesebene zuvor getrennt operierende Verbraucherorganisationen in einer neuen Dachorganisation verschmolzen: die AgV, der in den 60er Jahren gegründete – die Verbandsklagerechte wahrnehmende – Verbraucherschutzverein und die Stiftung Verbraucherinstitut, die in den 70er Jahre für die Fortbildung der Verbraucherberatungskräfte und Multiplikatoren in den Verbraucherzentralen der Bundesländer und sonstigen Verbraucherverbänden geschaffen worden war. Der verbandlich organisierte Verbraucherschutz ist durch diese Fusion deutlich gestärkt worden.

In den Jahrzehnten seit der Gründung der AgV hat die Dachorganisation der deutschen Verbraucherinteressenvertretung neue Mitglieder bekommen. Es sind dies insbesondere die Verbraucherzentralen der Bundesländer, die in den 60er Jahren entstanden. Die historischen Wurzeln der deutschen Verbraucherbewegung sind im vzbv jedoch immer noch spürbar und lebendig. Neben den 16 Verbraucherzentralen der Bundesländer zählen zu unseren Mitgliedern 22 verbraucherorientierte Verbände, von denen viele bereits zu den Gründungsmitgliedern der AgV gehörten. Es sind dies Mitglieder, die aus der Arbeiterbewegung des ausgehenden 19. Jahrhunderts kommen, wie z.B. die Arbeiterwohlfahrt, der Deutsche Mieterbund, der vor einigen Jahren seinen 100. Geburtstag feierte, Frauenorganisationen, die auf die Emanzipationsbewegung der 20er Jahren zurückgehen und Wohlfahrtsverbände wie die Diakonie und die Caritas.

Den Schriften Dahrendorfs entnehme ich, dass zum Zeitpunkt der Gründung der AgV im Jahre 1953 die Versammlung einer Vielzahl von Verbänden unter einem Dach, deren gemeinsamer Nenner zwar auch das Eintreten für Verbraucherbelange war, die jeweils für sich genommen jedoch noch andere Tätigkeitsfelder hatten, nicht unumstritten und spannungsfrei war. Spannungsfrei ist die Zusammenarbeit von 38 eigenständigen, traditionsreichen und selbstbewussten Vereinen in einem bundesweiten Dachverband auch heute noch nicht.

[1] *Gustav Dahrendorf: DER MENSCH DAS MASS ALLER DINGE;*
Reden und Schriften zur Deutschen Politik, Verlagsgesellschaft deutscher Konsumgenossenschaften, Hamburg, 1955, S. 206

Wie zu Zeiten Dahrendorfs vereint uns jedoch die Erkenntnis, dass nur durch einen Zusammenschluss und eine Bündelung der für die Interessen der Verbraucher eintretenden Kräfte die Gesamtposition des Verbrauchers und seine Rechte in der Wirtschaft und gegenüber der Politik gestärkt und wirksam vertreten werden können.

Was wollte Gustav Dahrendorf?

- Er wollte „den Verbraucher aus seiner Vereinzelung befreien" und ihn, ... aus der Rolle des „vergessenen Sozialpartners" zum „Subjekt der Wirtschaft" machen[2]. In der Organisation der Verbraucherinteressen sah er hierfür – neben der Selbsthilfe in den Konsumgenossenschaften – das probate Mittel. Er sagte: „Nicht als einzelner, aber über die ihm gemäße Organisation gelangt der Verbraucher zu der Möglichkeit, seine Rechte als Sozialpartner und als Faktor der Wirtschaft zu erkennen und geltend zu machen"[3].
- die Verbraucher durch Aufklärung und Beratung zu einer unabhängigen Auswahlentscheidung befähigen. Die kapitalistische Entwicklung habe dazu geführt, dass immer mehr nicht für den Verbraucher, sondern für einen anonymen Markt produziert werde. Er stellte fest: „Die außerordentlich hohe Zahl der ihm (dem Verbraucher) angebotenen Güter, auch innerhalb bestimmter Warengruppen, macht eine Übersicht über den Markt kaum möglich. Der Sortenwirrwarr hindert ihn, die vorteilhafteste Sorte herauszufinden"[4]. Hinzu kämen Versuche zur Übervorteilung der Verbraucher. Im Grunde sei „ein großer Teil der modernen Verkaufsmethoden ... eine Lehre der Verführungskunst des Verbrauchers"[5].
- eine „aktive Verbraucherpolitik". Er sagte: „Der Staat ist verpflichtet, gerade im Hinblick auf die fast völlige Identität von Gesellschaft und Verbraucher den bisher vergessenen Sozialpartner viel mehr in seine Wirtschaftspolitik einzubeziehen"[6].

Wie ist es heute – im Lichte dieser Aussagen – um den organisierten Verbraucherschutz, die Situation der Verbraucher sowie den Zustand und Stellenwert der Verbraucherpolitik bestellt?

---

[2] *Gustav Dahrendorf, a.a.O., S. 206*
[3] *Gustav Dahrendorf, a.a.O., S. 250*
[4] *Gustav Dahrendorf, a.a.O., S. 253*

[5] *Gustav Dahrendorf, a.a.O., S. 254*
[6] *Gustav Dahrendorf, a.a.O., S. 255*

Zur Organisation der Verbraucherinteressen:

Um das Fazit vorwegzunehmen: Die Chancengleichheit zwischen Anbieter- und Verbraucherinteressen, um als gleichberechtigte Partner im Marktgeschehen aufzutreten, ist nach wie vor nicht hergestellt. Ursächlich hierfür ist eine wachsende Kluft zwischen den – auch politisch gewollten – Aufgaben der Verbraucherorganisationen und den ihnen zur Verfügung stehenden personellen und finanziellen Mitteln. Ich will dies erläutern.

Hinsichtlich der Bereitschaft der einzelnen Verbraucher, sich in Verbraucherverbänden zu organisieren und dafür Beiträge zu zahlen, hat sich die skeptische Einschätzung Dahrendorfs im wesentlichen bestätigt. Dahrendorf erkannte schon vor Mancur Olson, dass diese mangelnde Organisationsbereitschaft damit zu tun haben könnte, dass sich das Interesse des Verbrauchers praktisch völlig mit dem Allgemeininteresse deckt. Die AgV – heute der vzbv – sind daher ebenso wie die Verbraucherzentralen seit Jahrzehnten auf staatliche finanzielle Unterstützung angewiesen.

Diese staatliche Förderung bewegte sich immer auf einem sehr niedrigen Niveau. Gegenwärtig geht es dem vzbv, der zum Zeitpunkt der BSE-Krise entstand und von der krisenbedingten Aufwertung des Verbraucherschutzes durch die Schaffung eines Bundesverbraucherministeriums innerhalb der Bundesregierung profitierte, relativ gut. Die Finanzsituation der Verbraucherzentralen in den Bundesländern verschlechtert sich jedoch zunehmend. Wegen sinkender Zuschüsse der Bundesländer können viele Verbraucherzentralen kaum noch ein flächendeckendes Beratungsangebot aufrechterhalten. In den letzten Jahren mussten über 50 Beratungsstellen geschlossen werden (heutige Gesamtzahl rund 200 Beratungsstellen). Zu einer nachdrücklichen Wahrnehmung von Aufgaben im Bereich der Marktbeobachtung und Rechtsdurchsetzung sowie in den zahlreichen Gremien der Selbstregulierung der Wirtschaft sind die Verbraucherzentralen kaum noch in der Lage.

Die stiefmütterliche finanzielle Unterstützung der Verbraucherorganisationen steht in krassem Gegensatz zu einer Verbraucher- und Wettbewerbspolitik in Deutschland, die das Einklagen von Verbraucherrechten, d.h. die Durchsetzung gesetzlich verbriefter Verbrau-

cherrechte und eines funktionierenden Wettbewerbs an die zivilge-
sellschaftlichen Kräfte delegiert hat. Das deutsche Verbraucherrecht
beruht in weiten Teilen auf Zivilrecht. In den letzten Jahrzehnten
wurden die Verbraucherverbände daher mit umfangreichen Verbands-
klagerechten ausgestattet, um für die Rechtsdurchsetzung zu sorgen.
Beispiele hierfür sind die Unterlassungsklagerechte nach dem Gesetz
gegen unlauteren Wettbewerb, die AGB-Klagerechte und Klagerech-
te aus abgetretenen Rechten einzelner Verbraucher.

Der Korporatismus, d.h. die Selbstregulierung der Wirtschaft im
Rahmen staatsferner Verhandlungen zu Regeln und Standards ihrer Wirtschaftsaktivität hat in Deutschland eine lange Tradition.
Ich erwähne hier nur beispielhaft die Normung und die Werbe-
regeln der Wirtschaft. Angesichts der abnehmenden Handlungs- und
Steuerungsfähigkeit nationaler Politik im globalen Markt erleben
wir zudem eine „Politik der Runden Tische". An die Stelle von verbindlichen Regelungen, die im klassischen politischen Prozess – in
der Verantwortung von Regierungen und Parlamenten demokratisch
entschieden werden – tritt das Ergebnis einer „Verhandlungsdemokratie". Für deren Legitimation scheint es der Politik auszureichen,
dass die Verbraucherverbände eingeladen sind, am Verhandlungstisch
Platz zu nehmen. Ob sie dazu wirklich in der Lage sind, mit welcher
Expertise und welchen Ressourcen sie dies tun können, scheint die
Politik nicht zu interessieren.

Für die Verbraucher relevante Regeln werden heute zunehmend auf
der Ebene der Europäischen Union festgelegt. Die Europäische Kom-
mission betreibt eine Politik der „Co-Regulation". Es ist das Pendant
zur nationalen „Verhandlungsdemokratie", d.h. auch hier sind Verbraucherorganisationen aufgefordert, für die Interessen der Verbraucher in zahlreichen Gremien und Expertenzirkeln zu streiten. Die
EU-Vertretung der Verbraucherorganisationen in Brüssel – BEUC
– verfügt über einen Stab von 20 Mitarbeitern. Es wird geschätzt,
dass die anbietende Wirtschaft in Brüssel mit etwa 20.000 Vertretern
präsent ist. Soviel zur Situation der Chancengleichheit zwischen dem
organisierten Verbraucherschutz und der organisierten Macht der
Wirtschaftsinteressen zum 50. Todesjahr von Gustav Dahrendorf. Zurück zur deutschen Situation: Das für Verbraucherpolitik zuständige
britische Department of Trade and Industry – dti – hat im vergange-

nen Jahr eine Studie zum Vergleich der Verbraucherpolitik in einigen OECD-Ländern veröffentlicht. Für Deutschland kommt die Studie zu folgendem Ergebnis: Das deutsche Modell der Verbraucherpolitik ist „noninterventionist, dependent on private action, mostly by individuals, where consumer protection is weak because of the framework of law and institutions; dispute resolution procedures not comprehensive; consumers mostly left to resolve problems themselves"[7].

Zur Verbrauchersituation:

Die Unübersichtlichkeit des Marktangebots hat seit der Zeit Gustav Dahrendorfs eher zugenommen. Ging es damals in erster Linie um die Einschätzung des Preis- /Leistungsverhältnisses der Waren des täglichen Bedarfs, so erstreckt sich der Orientierungsbedarf der Verbraucher heute auch auf Markttransaktionen von existentieller Bedeutung. Anfang der 50er Jahre trat Gustav Dahrendorf für eine unabhängige Prüfeinrichtung und ein „Konsumenten-Gütezeichen" ein. Mit der Schaffung der Stiftung Warentest durch die Bundesregierung im Jahr 1964 wurde dieses Vorhaben realisiert. In den letzten 40 Jahren haben sich die Testnoten der vergleichenden Warentests der Stiftung Warentest als eine wertvolle Orientierungshilfe für die Verbraucher etabliert. Die Arbeit der Stiftung Warentest diente zugleich auch der Wirtschaftsförderung. So haben die regelmäßigen Tests der Stiftung Warentest sicherlich maßgeblich zur hohen Qualität und zur Wettbewerbsfähigkeit der Waren der deutschen Konsumgüterwirtschaft beigetragen.

Der Orientierungsbedarf der Verbraucher geht heute jedoch weit über den klassischen Warentest hinaus. Die Mehrzahl der Ratsuchenden, die heute die Beratungsstellen der Verbraucherzentralen aufsuchen, suchen Rat und Hilfe im Bereich der Finanzdienstleistungen, hinsichtlich des Abschlusses von Versicherungen und Bauverträgen, bei Leistungen rundum die Gesundheit und Altersvorsorge. Sie suchen Hilfe, wenn sie bei der Nutzung der neuen Dienstleistungsangebote der Telekommunikation mit unvorhergesehenen Zahlungsverpflich-

---

[7] *DTI (Department of Trade and Industry): Comparative Report on Consumer Policy Regimes, October 2003, S. 32*

tungen konfrontiert werden. Und sie suchen angesichts wachsender Arbeitslosigkeitszahlen Hilfe, um aus der Verschuldungsfalle herauszukommen.

Generell lässt sich feststellen: Der Bedarf der Verbraucher an einer unabhängigen Beratung und Orientierung steigt in dem Maße, in dem Märkte liberalisiert und die Eigenverantwortung der Verbraucher für die Abdeckung von Lebensrisiken wie Krankheit, Altersversorgung und Pflege von der Politik eingefordert wird. Wir werfen der heutigen Politik nicht vor, mehr Eigenverantwortung von Seiten der Verbraucher einzufordern. Kritikwürdig ist aus unserer Sicht allerdings die Tatsache, dass mit dem Rückzug des Staates aus der Daseinsvorsorge zugleich die Kapazitäten der unabhängigen Verbraucherberatung abgebaut werden.

Diese Feststellung leitet über zu meinem letzten Punkt.

Zum Zustand und Stellenwert
der Verbraucherpolitik:

Von einer „aktiven Verbraucherpolitik", wie sie Gustav Dahrendorf sich vorstellte, sind wir heute noch meilenweit entfernt. Die Verbraucherpolitik wird heute weitgehend als defensive Sozialpolitik wahrgenommen, die auf den Schutz des einzelnen Verbrauchers vor gesundheitlichen Risiken und materieller Übervorteilung bedacht ist. Sie muss sich damit ständig gegen des Vorwurf des Dirigismus und der Beeinträchtigung der Wettbewerbssituation der produzierenden Unternehmen zur Wehr setzen.

Aktivitäten der Verbraucherpolitik stoßen in der allgemeinen Wirtschaftspolitik daher in der Regel auf Widerstand. Vorherrschend ist ein Nullsummendenken nach der Devise: Je mehr Verbraucherschutz desto schlechter für die Wirtschaft. Bisher haben es die für Verbraucherpolitik zuständigen Akteure in den Regierungen und in den Parteien nicht geschafft, den Stellenwert einer aktiven Verbraucherpolitik als einen wichtigen Beitrag zu Zielen der allgemeinen Wirtschaftspolitik, zur Belebung der Binnennachfrage und Sicherung von Arbeitsplätzen in Deutschland zu vermitteln.

Gustav Dahrendorf wollte, dass neben Kapital und Arbeit auch der Konsum als dritte Säule der Volkswirtschaft und Wirtschaftspolitik zu einer wirtschaftlichen und politischen Kraft wird. In den 50er Jahren des vergangenen Jahrhunderts dominierte noch die Vorstellung von weitgehend national bestimmten Märkten, die im Zusammenspiel von Kapital, d.h. der Arbeitgeberseite und den Gewerkschaften als Vertreter der Arbeitnehmer für den sozialen Ausgleich zu sorgen hätten. Im Sinne der klassischen Wettbewerbstheorie reichte dieser Dualismus aus, um auch die Verbraucher zufrieden zu stellen. Die eine Seite sorgte für das Angebot, die andere Seite für die Kaufkraft, die den Absatz sicherte.

Im globalen Markt des 21. Jahrhundert geht diese Rechnung nicht mehr auf. Die Forderung Dahrendorfs ist deshalb hochaktuell. Mobil ist in erster Linie das Kapital großer Konzerne. Es nutzt den internationalen Standortwettbewerb, um auf Kosten von Arbeitsbedingungen und Umweltqualität die Produktion in kostengünstige Regionen der Welt zu verlagern. Die Gewerkschaften als Vertreter der Arbeit kämpfen für die Löhne und die Erhaltung von Arbeitsplätzen in Deutschland. Wenn es nicht gelingt, den Verbraucher als dritten Sozialpartner ins Spiel zu bringen, werden sowohl die Gewerkschaften auf verlorenem Posten stehen als auch mittelständische deutsche Unternehmen, die beim Sozial- und Umweltdumping des internationalen Wettbewerbs auf der Strecke bleiben.

Die gegenwärtige Regierungspolitik hat im Hinblick auf die Forderung Gustav Dahrendorfs, den Verbraucher als den „vergessenen Sozialpartner" in seine Wirtschaftpolitik einzubeziehen, einen erheblichen Nachholbedarf. Am Beispiel der Liberalisierung des Strom- und Gasmarktes möchte ich diese Aussage gerne illustrieren.

Die deutschen Strom- und Gaspreise für die Haushaltskunden sind die höchsten in der Europäischen Union. Entsprächen die deutschen Strom- und Gaspreise dem britischen Niveau, so stünde jährlich für die Belebung der Binnennachfrage in etwa ein Betrag von 11 Milliarden Euro zur Verfügung. Ob es gute Gründe dafür gibt, warum die deutschen Strom- und Gaspreise im europäischen Vergleich an der Spitze liegen, ist für mein Beispiel nicht wirklich wichtig. Interessant ist vielmehr die politische Strategie der Bundesregierung bei der Umsetzung der von der EU erzwungenen Liberalisierung des Strom- und

Gasmarktes. Faktum ist, dass das Preisniveau für die privaten Verbraucher und damit der Einfluss der Energiepreise auf die Binnenkonjunktur keine Rolle spielten. Die energiepolitische Strategie der Bundesregierung schien sich dagegen vielmehr primär um das Wohlergehen einiger „big players" der Strom- und Gaswirtschaft Sorgen zu machen.

Nach der Liberalisierung hat die Bundesregierung auf die Festlegung verbindlicher Regeln für die Berechnung der Nutzungsentgelte für die Stromleitungsnetze verzichtet. Im Wege von Verbandsvereinbarungen überließ sie es den wirtschaftlichen Akteuren, die Bedingungen auszuhandeln. Die Verbraucherinteressenvertretung wurde erst zu einem sehr späten Zeitpunkt an den Verhandlungstisch gebeten. Sie hat das Verhandlungsergebnis nicht unterzeichnet. Dies änderte jedoch nichts daran, dass die Vereinbarung als „Vermutungsregelung" für eine gute fachliche Praxis rechtlich verbindlich gemacht wurde. Auch im nunmehr laufenden Gesetzgebungsverfahren scheint mehr das Wohl der Energiewirtschaft im Mittelpunkt der politischen Auseinandersetzung zu stehen. Die Verbraucherinteressenvertretung ist im institutionalisierten Abstimmungsprozess wenig gefragt. Ihr gelingt es nur mit Hilfe der Presse, den Zusammenhang zwischen dem Verbraucherinteresse an günstigen Energiepreisen und der Belebung der Binnenkonjunktur in die politische Debatte zu bringen.

Ich komme zum Schluss: Ich bin sicher, dass Gustav Dahrendorf sich in der heutigen Situation ebenso wie vor 50 Jahren für eine starke Vertretung der Verbraucherinteressen, für eine wirksame Beratung und Information der Verbraucher einsetzen würde. Ich kann nur vermuten, dass er etwas unzufrieden sein dürfte, dass die Sozialdemokratie den Verbraucher als „dritten Sozialpartner" in ihrer wirtschaftspolitischen Programmatik und Strategie so wenig zur Kenntnis genommen hat. Da Gustav Dahrendorf ein „praktischer Idealist" war, würde er für seine Überzeugung weiterkämpfen. Ich werde dies auch tun und schätze mich glücklich, dies im Sinne Gustav Dahrendorfs und in seinen Fußstapfen zu tun.

Burchard Bösche

Eine große genossenschaftliche Unternehmerpersönlichkeit

Erinnern an Gustav Dahrendorf heißt erinnern an eine Zeit, in der auf den Genossenschaften, zumal den Konsumgenossenschaften große Hoffnungen lagen, erinnern an eine Zeit, in der das Wissen über die Wurzeln der Konsumgenossenschaften in der Arbeiterbewegung präsent war und in der man, wie Gustav Dahrendorf es tat, sagen konnte: „Jeder Genossenschafter ein guter Gewerkschafter und jeder Gewerkschafter ein guter Genossenschafter", ohne damit viel mehr auszudrücken als eine Selbstverständlichkeit.

Es war die Zeit, in der die Förderung der Genossenschaften als staatliche Aufgabe in die neuen Landesverfassungen von Bayern, Hessen, des Saarlandes, Hamburgs und Bremens hineingeschrieben wurde.

Es war die Zeit, in der der Zentralverband deutscher Konsumgenossenschaften Heinrich Kaufmanns konsumgenossenschaftliche Liedersammlung neu auflegte, und es war die Zeit, in der 75jährige Henry Everling mit unglaublicher Energie daran ging, die GHG, die Gemeinwirtschaftliche Hochseefischereigesellschaft mit der damals größten deutschen Fischfangflotte aufzubauen, um die hungernden Deutschen über die wiedererstandenen Konsumgenossenschaften mit wertvollem Fisch zu versorgen.

Was ist davon geblieben? Die GHG gibt es nicht mehr. Die meisten Konsumgenossenschaften haben sich in den 70er Jahren genötigt gesehen, sich in Aktiengesellschaften umzuwandeln, um dann im Strudel der Pleite der coop AG zu verschwinden. Die ehemals gewerkschaftlich-genossenschaftliche Lebensversicherungsgesellschaft Volksfürsorge ist heute eine profitable Tochter des Generali-Konzerns.

Der Begriff der Gemeinwirtschaft lässt sich nur noch übersetzt als „social economy" oder „economie sociale" diskutieren und ob die Genossenschaft in das neue Parteiprogramm der Sozialdemokratischen Partei Deutschlands Eingang findet, darf man gespannt abwarten.

Zumindest soviel darf ich in Richtung der SPD sagen: Es waren in ihrer Geschichte vielfach Genossenschafter, die ihre Kultur, ihre Debatten geprägt haben, die wirtschaftlichen Sachverstand und den Willen zur demokratischen Gestaltung eingebracht haben. Die Geschichte der Hamburger SPD ist voll von Genossenschaftern, und die Partei wäre eine völlig andere, würde man diese Persönlichkeiten und ihren Einfluss wegdenken. Neben Gustav Dahrendorf nenne ich nur Heinrich Kaufmann, Adolf von Elm, Ferdinand Vieth, Helma Steinbach, Max Mendel und nicht zuletzt Oswald Paulig – von dem ich herzlich grüße -, um nur die prominenteren hervorzuheben.

Die Genossenschaft ist nicht einfach nur eine Rechtsform für wirtschaftliche Betätigung, wie irgendeine Handelsgesellschaft. Es gibt kein Liederbuch für GmbHs und die AG genießt keine Förderung von Verfassungs wegen. Die Genossenschaft repräsentiert zunächst eine Wirtschaftsphilosophie, die durchaus in verschiedenen Rechtsformen realisiert werden kann und realisiert wird. So kommen unsere dänischen Nachbarn gut ohne Genossenschaftsgesetz aus, und wollen auch gar keins.

Immer wieder hat Gustav Dahrendorf die ehrbaren Pioniere von Rochdale zitiert, die armen Weber aus der mittelenglischen Industriestadt, die vor 160 Jahren die erste „richtige" Konsumgenossenschaft gründeten und deren Grundsätze zur Richtschnur der Konsumgenossenschaften auf der ganzen Welt wurden:

- *Die offene Tür: Jeder kann jederzeit zu gleichen Bedingungen Mitglied werden;*
- *Lieferung guter, unverfälschter Waren, genau gewogen;*
- *Überschussverteilung nach Umsatz mit der Genossenschaft, nicht nach dem Kapitalanteil;*
- *Nutzung von Überschüssen für die Bildung der Mitglieder und ihrer Kinder;*
- *gleiches Stimmrecht, unabhängig von der Höhe der Kapitalbeteiligung;*
- *parteipolitische und religiöse Neutralität.*

Ein wichtiger Teil der politischen Arbeit Gustav Dahrendorfs galt der gleichberechtigten Stellung der Konsumgenossenschaften. Er unterstrich immer wieder den Gedanken der Selbsthilfe. „Auch heute", sagte er, und es sei wichtig, das gerade in dieser Zeit festzustellen,

„stellt die Konsumgenossenschaftsbewegung an den Staat keine Forderungen, es sei denn die Forderung auf Sicherung der Freiheit und der Gleichheit vor dem Gesetz."

Die aber war selbst in der Weimarer Zeit, der großen Zeit der deutschen Konsumgenossenschaften mit Sonderumsatzsteuern und dem Verbot des Nichtmitgliedergeschäfts nicht gewährleistet gewesen, ganz zu schweigen von der Nazizeit, in der mit dem Rabattgesetz, dem Verbot der Mitgliedersparenlagen und der schließlichen Zwangsauflösung ein aggressiver Kampf gegen die Konsumgenossenschaften getrieben wurde.

Mit dem Ende der Naziherrschaft waren die Schikanen gegen die Konsumgenossenschaften keineswegs vorbei. Das Rabattgesetz mit seiner Beschränkung der Rückvergütung, 1933 gegen Konsumgenossenschaften und jüdisch geführte Warenhäuser gerichtet, hat in modifizierter Form bis zum Jahr 2000 gegolten und es hat maßgeblich dazu beigetragen, dass es den bundesdeutschen Konsumgenossenschaften so schwer wurde, neue Mitglieder zu gewinnen und sich eine ausreichende Eigenkapitalbasis zu schaffen, mit der sie der Konkurrenz von ALDI, Metro und Tengelmann hätten standhalten können.

Wenn man die italienischen Konsumgenossenschaften fragt, die heute eine Marktstellung haben, die der der deutschen Konsumgenossenschaften in der Weimarer Zeit vergleichbar ist, worin das Geheimnis ihres Erfolges liegt, dann landet man schnell bei den Spareinlagen ihrer Mitglieder. „Wir sind die größte Bank Italiens", wurde uns stolz berichtet. Auch fast alle deutschen Konsumgenossenschaften wurden einst als Spar- und Konsumvereine gegründet, die Hamburger PRO als „Konsum-, Bau- und Sparverein Produktion". Denn es ging nicht nur um den Einkauf billiger Lebensmittel, es ging um eine gesunde, geordnete Lebensführung, zu der gesundes Wohnen genauso gehörte, wie das rechtzeitige Sparen für das Einkellern von Kohlen und Kartoffeln, ja es ging auch darum, einen Notgroschen für Zeiten der Arbeitslosigkeit und des Arbeitskampfes zu haben, was ausdrücklicher Satzungszweck der PRO war.

Die Kreditbeschaffung von den Mitgliedern ohne teuren Umweg über die Banken, die früher in Deutschland selbstverständlich war und noch in vielen Ländern der Welt selbstverständlich ist, ist den deutschen Genossenschaften heute durch das Kreditwesengesetz und

seine Handhabung durch das Bundesaufsichtsamt für Finanzdienstleistungen weitgehend verwehrt. Wer Genossenschaften fördern will,
muss hier die Blockade beenden. Mehr als alle Sonntagsreden würde
dies die Attraktivität der Genossenschaft für kleine gemeinschaftliche
Unternehmen im lokalen Bereich erhöhen und dabei ganz nebenbei
dazu beitragen, wesentliche Teile der Schattenwirtschaft in den ge-
setzmäßigen Wirtschaftssektor zu überführen.

Wir haben in Deutschland 500.000 eingetragene Vereine, sog. Ideal-
vereine, von denen ungezählte entgegen den eindeutigen gesetzlichen
Bestimmungen des BGB wirtschaftlich tätig sind. Die Zahl der Genossenschaften nimmt demgegenüber fortlaufend ab und liegt inzwischen unter 8.000. Zum Vergleich: in Italien bestehen rund 72.000
Genossenschaften. Allein in zwei Jahren sind dort 4.000 Genossenschaften neu gegründet worden.

Nun mag man sich fragen: Wozu brauchen wir überhaupt noch Genossenschaften? War das nicht eine überlebte Erscheinung der letzten
beiden Jahrhunderte?

Vielfach sind die Klagelieder über Individualisierung, Vereinsamung,
Zerfall der traditionellen Milieus und Mitgliederschwund bei Parteien, Gewerkschaften, Kirchen und Sportvereinen. Diese Erscheinungen haben sicher auch mit Wirtschaft zu tun. Das Kapital ist
ein scheues Reh und demnächst ziehen die Opel-Arbeiter mit ihren
Wohnwagen nach Polen. Die Genossenschaft dagegen ist gebunden
an die Interessen ihrer Mitglieder, konkreter Menschen mit konkreten Wohnorten und konkreten Sorgen. Kein scheues Reh, sondern
ein standorttreues Huhn. Die Genossenschaft verbindet Menschen.
Darin gleicht sie dem Verein.

Dass die lokal gebundene genossenschaftliche Wirtschaft eine wirksame Jobmaschine sein kann, beweist das schon zitierte italienische
Beispiel. Über 800.000 Menschen arbeiten dort in Genossenschaften
und in den letzten drei Jahren hat diese Zahl um 100.000 zugenommen. Dagegen sind bei deutschen Genossenschaften gerade 420.000
Menschen beschäftigt, und diese Zahl geht seit langem kontinuierlich
zurück.

Lassen Sie mich für den Unterschied von Genossenschaft und Kapi-
talgesellschaft ein geschichtliches Beispiel anführen. Wie Krupp und
Thyssen zählte auch die Hamburger PRO zu den Gewinnern des Ers-

ten Weltkrieges, nicht wegen der Lieferung von Kanonen, sondern wegen ihrer gigantischen Produktion an Fleischkonserven für die Front. Was hat sie mit den Gewinnen gemacht? Sie hat das Geld nicht an Aktionäre verteilt sondern in Haffkrug an der Ostsee ein Kindererholungsheim eingerichtet, in dem im Laufe der Jahrzehnte bald 50.000 Kinder armer Leute einen kostenlosen mehrwöchigen Erholungsurlaub verbringen konnten. Und das Heim besteht noch heute und dient der PRO-Stiftung zur preisgünstigen Seniorenerholung; die Kinder sind alt geworden. Es war übrigens Gustav Dahrendorf der als Geschäftsführer der Produktion dafür gesorgt hat, dass die PRO-Stiftung ihr von den Nazis enteignetes Haus wiederbekommen hat.

Auf Beispielen wie diesen beruht der legendäre Ruhm, den die historische PRO noch heute in Hamburg hat und der gute Klang des Wortes Genossenschaft in dieser Stadt, die einst Hauptstadt der deutschen Arbeiterbewegung genannt wurde.

Ihre Werte Gleichheit, Solidarität, gegenseitiges Einstehen, aber auch der Stolz der Selbsthilfe und Selbstverantwortung haben die Konsumgenossenschaften mit der Arbeiterbewegung verbunden, sei es der sozialistischen, sei es der christlichen. Und die vielfachen personellen Überschneidungen und wirtschaftlichen Verflechtungen haben das Bild von den drei Säulen der Arbeiterbewegung entstehen lassen, der SPD, den Gewerkschaften und eben den Genossenschaften.

Niemand wird auf die Idee kommen, dieses Bild zur Beschreibung der Gegenwart zu benutzen. Aber es mag zumindest der Gedanke aufkommen, dass wir etwas verloren haben, dass die Existenz eines relevanten Wirtschaftsbereichs, der unter der demokratischen Kontrolle der Kunden und Nutzer steht, ein Beitrag zur Demokratie ist und damit auch im Interessen der Gewerkschaften und demokratischen Parteien liegt, ja vielleicht sogar der Kirchen.

Wir leiden in West-Deutschland unter der Pleite der co op AG und dem Zerfall großer Teile dessen, was früher „Freie Gemeinwirtschaft" genannt wurde und in der gewerkschaftlichen Beteiligungsgesellschaft für Gemeinwirtschaft AG gebündelt war. Wer das bewusst miterlebt hat, will in der Regel von Gemeinwirtschaft nichts mehr wissen. Aber es ist nicht aller Tage Abend. In Skandinavien wurde 2002 die coop Norden gegründet, die als Marktführer die konsumgenossenschaftlichen Aktivitäten in Dänemark, Schweden, Norwegen und

Finnland bündelt. Die coop Schweiz und die genossenschaftliche MI-GROS kontrollieren den Markt in der Schweiz, coop Italia ist Marktführer und die über Jahrzehnte erfolgreiche coop Schleswig-Holstein ist immerhin in sieben Bundesländern vertreten. Unsere skandinavischen Kollegen haben mit coop Norden noch alle Hände voll zu tun. Aber ihre Vision, wie sie uns verschmitzt erklären, die geht weiter: sie wollen coop Europa.

Die größte Konsumgenossenschaft der Welt finden wir in Brasilien. Sie hat über eine Million Mitglieder. In Russland gibt es 80.000 konsumgenossenschaftliche Läden und in China zählt der Genossenschaftssektor 180 Millionen Mitglieder. Diese Potentiale lassen eine Idee der Globalisierung zu, die eben nicht nur bestimmt wird von flüchtigem Kapital, dass rastlos Tag und Nacht um die Erde jagt.

Aber diese Perspektive realisiert sich nicht von selbst. Sie bedarf vor allem genossenschaftlicher Unternehmerpersönlichkeiten, die visionäres Denken, Gestaltungskraft und Durchsetzungsvermögen im täglichen Geschäft miteinander verbinden, so wie dies Gustav Dahrendorf getan hat. Als Mitglied des Frankfurter Wirtschaftsrates war er oft drei Tage die Woche in Frankfurt und nur drei Tage bei der GEG, der Großeinkaufsgesellschaft deutscher Konsumgenossenschaften, an deren Spitze er stand. Und die, die ihn damals erlebt haben, berichten, dass er in drei Tagen mehr geschafft hätte, als andere in der ganzen Woche. Und alle, mit denen ich über ihn gesprochen habe, vertreten die Auffassung, dass es zu dem späteren Zusammenbruch der coop AG nicht gekommen wäre, hätte er die Gelegenheit gehabt, länger für die Konsumgenossenschaften zu wirken.

Als die GEG 1954 ihr 60jähriges Jubiläum feierte, war Gustav Dahrendorf für die Vorbereitung der Feierlichkeiten verantwortlich. Die Festrede aber hielt der damals schon 81jährige Henry Everling, der 1945 maßgeblich die Wiederherstellung der GEG nach der Enteignung durch die Nazis betrieben hatte. Und damals wurde verabredet, dass Dahrendorf die Festrede zum 100jährigen GEG-Jubiläum im Jahre 1994 halten sollte, dann wäre er 93 Jahre alt gewesen. Wenige Monate später war Gustav Dahrendorf tot. Ein Ereignis, das auf viele wie ein Schock wirkte. Die in seiner Person hergestellte Einheit der Führung der GEG und des Zentralverbandes deutscher Konsumgenossenschaften fiel wieder auseinander.

Die Ereignisse nahmen ihren Lauf. Aber es blieb die Erinnerung an eine große genossenschaftliche Unternehmerpersönlichkeit, deren Bedeutung auch daran deutlich wird, dass heute so viele Menschen zusammen gekommen sind, um seiner zu gedenken. Es blieb die Erinnerung, die uns hilft, in Deutschland an der genossenschaftlichen Zukunft zu arbeiten.

Walther G. Oschilewski

Gustav Dahrendorf. Ein Kämpferleben

Die Geburt eines Menschen ist die Krone des Lebensgeheimnisses, das uns in seiner tiefsten Tiefe verschlossen bleibt. Was wir aus dem uns geschenkten Leben machen, wird sowohl von „äußeren Umständen" als auch von dem entscheidungsfreien Willen bestimmt, einem Willen, der uns die Chance gibt, in einer Welt zu leben, die wir uns selber bilden. Das Leben wird trotz aller Umweltgebundenheit ausgezeichnet durch das Bewusstsein von sich selbst, ganz gleich, ob man das Wesen des Menschen in seiner Vernunft, wie in der griechischen Antike, im Ebenbild Gottes und zugleich in seiner irdisch-dämonischen Kräften ausgelieferten Kreatürlichkeit, wie im christlichen Mittelalter, oder in der Idealität leiblich-seelischen-geistiger Vervollkommnungsfähigkeit, wie im Zeitalter des Humanismus, erkennen will. Immer ist aber „der Zweck des Lebens das Leben selbst", wie Goethe 1796 an J. H. Meyer schrieb.

Wie der durch den Schöpfungsakt der Natur ins Leben gerufene Mensch sich selbst bestätigen kann, zeigt das Sein und Wirken eines tätigen, allzu früh verstorbenen Mannes, das hier in seinen entscheidenden Stufen und Stationen als ein Beispiel ideenbestimmter, planvoller und stoffgestaltender Handlungen und Leistungen in großen Zügen beschrieben werden soll.

Aufbruch und Botschaft einer Jugend

Gustav Dahrendorf, am 8. Februar 1901 in Hamburg geboren, entstammte einer Arbeiterfamilie. Der Vater war seit seiner frühesten Jugend aktiv in der Gewerkschaftsbewegung und in sozialdemokratischen Organisationen tätig. Das politische Klima des Elternhauses bestimmte auch die geistige und gefühlsmäßige Entwicklung des mit einer natürlichen Intelligenz begabten Knaben. Kaum zehnjährig, nahm ihn der Vater zum ersten Male zu einer Maifeier mit. Die vielen tausend Arbeiter, die für den Achtstundentag und für den Weltfrieden demonstrierten, machten einen starken Eindruck auf die kindlichen Empfindungen. Vor allem ergriff ihn der Gedanke, dass am gleichen Tage sich nicht nur in den deutschen Städten, sondern in der ganzen Welt die arbeitenden Menschen unter dem gleichen Banner und in der Solidarität gemeinsamer Forderungen und Aufgaben zusammenfanden.

1914, also noch zu einer Zeit, als die proletarische Jugendbewegung durch die Schikanierungsparagraphen des Reichsvereinsgesetzes von 1908 von Polizei und Justiz des Wilhelminischen Obrigkeitsstaates drangsaliert und in ihrer Entfaltung gehemmt wurde, schloss sich Gustav Dahrendorf dem Hamburger Arbeiterjugendbund an.

Bildungsmäßig musste er sich mit der mageren Volksschulkost begnügen; mit 14 Jahren kam er dann zu einer Papiergroßhandlung in die kaufmännische Lehre. Nach Beendigung der Ausbildung war er noch einige Zeit als Stadtvertreter bei der gleichen Firma beschäftigt. Als ihn aber eines Tages der Chef des Hauses auf dem Hamburger Rathausmarkt als politischen Redner „entdeckte", wurde er kurzerhand entlassen.

In den darauffolgenden Jahren betätigte sich Gustav Dahrendorf als Behördenangestellter und schließlich in der Geschäftsstelle des Zentralverbandes der Angestellten. Der Vorsitzende der Hamburger Angestelltenorganisation, der Gefallen an dem begabten jungen Mann fand, wollte ihn als Sekretär des Verbandes nach Schlesien empfehlen. Jedoch zerschlug sich dieses Vorhaben, nachdem sich die Beteiligten darüber klar wurden, dass Dahrendorf mit seinen 19 Jahren für diese Position, zu deren Obliegenheiten oft langwierige Verhandlungen mit Arbeitgebern gehörten, doch noch etwas zu jung gewesen wäre.

In der Hamburger sozialistischen Jugendbewegung hatte Gustav Dahrendorf seine politische Feuertaufe empfangen. Allen lebendigen Kräften und Mächten des gesellschaftlichen Lebens aufgeschlossen, war er ein typischer Vertreter jener jungen Arbeiter-, Angestellten- und Studentengeneration, die nach dem ersten Weltkriege nach neuen Lebenszielen strebten. Seit ihrem ersten Reichsjugendtag in Weimar 1920 war die Arbeiterjugendbewegung in ein neues Stadium ihrer Geschichte getreten. Aus dem Erlebnis ihres Jungseins suchte sie nach Lebens- und Betätigungsformen, in denen sich der Mensch frei und ungehemmt zur selbstverantwortlichen Persönlichkeit entfalten konnte. Selbsterziehung und Gemeinschaftsgestaltung waren die Elemente ihres Jugendlebens, der Kampf um die Erringung breiter Bildungsmöglichkeiten und um ausreichenden Schutz der Arbeitskraft ihr jugendpolitisches Ziel. Diese Jugend, der Gustav Dahrendorf zugehörte, wollte sich nicht nur die vernunftgemäßen Gestaltungsprinzipien des demokratischen Sozialismus erarbeiten, sie wollte den Sozialismus auch als eine brüderliche Gemeinschaft erleben. Ihre inbrünstige Diesseitigkeit, oft aus religiösen Kräften genährt, war auf die Erneuerung des ganzen Menschen gerichtet.

Nach dieser mehr romantischen Phase und einem ungestümen Revolutionismus wuchs die Arbeiterjugendbewegung mehr und mehr in selbstgestellte Aufgaben und erkannte Notwendigkeiten hinein. Wohl blieben Persönlichkeits- und Gemeinschaftsbildung wie auch die Selbstbestätigung ihres Wesens durch Volkstanz, Laienspiel, Jugendlied und Sprechchor, die die Ansätze zu einer neuen Fest- und Feierkultur bildeten, ihre natürlichen Anliegen – sie suchte aber bei allem idealistischen Schwung und manchen Verstiegenheiten auch im Realen ihren Standort. So wollte sie ihre Kräfte im öffentlichen Kampf um die Verbesserung der Berufsausbildung, der Arbeitsmöglichkeiten, des Jugendschutzes, des Jugendrechtes und um die demokratische Mitverantwortung in dem republikanischen Gemeinwesen messen.

In der jungsozialistischen Bewegung

Die Jungen und Mädchen, die dann mit 17, 18 Jahren dem organisatorischen Gefüge der Arbeiterjugendbewegung entwuchsen und sich dem Konflikt zwischen persönlichem Lebensziel und gesellschaftlicher Wirklichkeit nicht durch die Flucht aus der Zeit entziehen wollten, verlangten immer stärker nach intensiver Teilnahme an der politischen Gestaltung. So entstanden um 1920 herum als eine Art Älterenbewegung aus und neben den Arbeiterjugendverbänden Jungsozialistische Vereinigungen, die ideologisch von dem Streben bestimmt wurden, „das Ziel der erwachsenen sozialistischen Generation, jenes Bild einer klassenlosen Gesellschaft, das zu einem abstrakten, blutleeren Schemen, zu einer Farce geworden war, mit neuem lebendigem Inhalt" zu erfüllen.

Gustav Dahrendorf, der, aus dem Hamburger Arbeiterjugendbund kommend, sich Anfang der zwanziger Jahre in die jungsozialistische

Bewegung eingliederte, war ein aktiver und zugleich repräsentativer Protagonist dieses „Jungsozialismus", der in geschichtlicher Schau als die ideologische Rebellion des Nachkriegssozialismus gegen den Vorkriegssozialismus anzusehen ist.

Der organisatorische Ausgangspunkt der jungsozialistischen Bewegung war ein Beschluss des Kasseler Parteitags der Sozialdemokratie im Jahre 1920. Damit wurden die örtlichen Parteiorganisationen verpflichtet, für die jungen Mitstreiter im Alter von 18 bis 21 Jahren im Rahmen der Organisation jungsozialistische Gruppen zu errichten und „den jungen Genossen durch Arbeit im eigenen Kreise (erzieherische Arbeitsgemeinschaften) Gelegenheit zur Vertiefung der sozialistischen Weltanschauung sowie zur inneren Einstellung auf die hohen Aufgaben, die der Sozialismus ihnen stellt, zu geben. Der Mittelpunkt zur Förderung der jungsozialistischen Bestrebungen ist als ein Organ des Parteivorstandes der Zentralbildungsausschuss; in den Orten und Bezirken kommen daher die Bildungsausschüsse unter Beteiligung der örtlichen Parteiinstanzen in Betracht. Die Leitung der Verwaltung der Gruppen liegt selbständig in den Händen der jungen Genossen mit der Maßgabe, dass hierzu ein Vertreter der Parteiorganisation und des Bildungsausschusses hinzugezogen wird."

Vielen jungen Sozialisten der damaligen Zeit erschien diese Deklaration, die sie fest an die Parteiorganisation binden sollte und sie vorwiegend mit Bildungsaufgaben bedachte, als völlig unzureichend, wenn nicht sogar jugendfeindlich. Zumindest entsprach sie nicht ihrem Eigenleben und ihrem Willen nach geistiger Selbständigkeit, die beide allein die Voraussetzungen für die Ausprägung ihres Glaubens an einen nicht nur ökonomistisch und materialistisch motivierten, sondern auch ethisch und humanistisch profilierten Sozialismus bilden konnten.

Zweieinhalb Monate nach dem Kasseler Parteitagsbeschluss, am 1. Januar 1921, trafen sich Jungsozialisten aus Hamburg, Schleswig-Holstein, Berlin und anderen Orten in Kiel, um ihrerseits die sogenannten „Kieler Leitsätze", die ein Ausschuss, bestehend aus Gustav Dahrendorf, Johannes Schult, Erich Fäse, Wilhelm Kuklinski, erarbeitete, der gesamten jungsozialistischen Bewegung „als vorläufig von ihr gefundenen Willensausdruck" vorzutragen. Darin heißt es:

„1. Die den Arbeiterjugendvereinen entwachsenen Parteigenossinnen und -genossen können ihrer ganzen seelischen Einstellung nach nicht ohne weiteres den Schritt zur allgemeinen Arbeiterbewegung machen, denn diese ist in ihrem inneren und äußeren Leben so einseitig verstandesmäßig und materialistisch gerichtet, dass sie die in der Jugend vorhandenen und durch den Krieg neubelebten irrationalen Regungen nicht befriedigen kann. Daher schließen sie sich zu besonderen jungsozialistischen Gemeinschaften innerhalb der Partei zusammen, ohne zu verkennen, dass auch ihr Wirken der eigenen Partei und den Gewerkschaften als den eigentlichen Kampfgemeinschaften des Proletariats gilt, die sie mit neuem Leben füllen und zu höherer sozialistischer Tatkraft führen wollen.

2. Die Jungsozialisten wollen ihr Leben in Aufrichtigkeit und Verantwortlichkeit vor sich und der Gemeinschaft gestalten. Daraus entnehmen sie auch die Verpflichtung, mit besonderer Eindringlichkeit sich der Erringung wissenschaftlicher Erkenntnis des Sozialismus zu widmen.

3. Aus den jungsozialistischen Gemeinschaften sollen Menschen hervorgehen, die sich ständig bewusst bleiben, dass der Sozialismus erst mit der Beseitigung des wirtschaftlichen Kapitalismus möglich wird, die jedoch in sich die Kulturidee des Sozialismus ständig rein erhalten und unter Einsetzung ihrer ganzen Persönlichkeit um sich verbreiten."

Der Wille zur Politik

Gustav Dahrendorf, der junge, hochaufgeschossene Volkstribun, der den wildwuchernden Heilslehren so mancher rede- und programmfreudiger Romantiker durch den festen, realistischen Sinn seiner sozialistischen Erkenntnis begegnete, war zuvorderst ein politischer Mensch. Schon als Zwanzigjähriger hat er die „Politik als Aufgabe und Schicksal" empfunden. Diese personalistische Definition des großen Max Weber ist für die Intensivierung und Gestalthaftigkeit seines politischen Denkens und Handelns von hervorragender Bedeutung geworden. Die Lektüre der 1920 erschienenen „Gesammelten politischen Schriften" Max Webers, vor allem die darin enthaltene

Abhandlung „Politik als Beruf", die aus einem im Revolutionswinter 1919 vor Münchener Studenten gehaltenen Vortrag entstand, haben das politische Ethos Gustav Dahrendorfs und mancher seiner nächsten Freunde entscheidend bestimmt. Politik als Beruf war Max Weber eine „Wirkungsform konkreter Menschen". Gustav Dahrendorf war in seiner Verstandeskraft, in seinem Wirklichkeitssinn, im nüchternen Urteil und schnellen Handeln der Prototyp eines solchen konkreten Menschen. „Uns ward im Ringen um Erkenntnisse ein großer Führer, dem wir notwendig begegnen mussten: Max Weber!" schrieb der Zweiundzwanzigjährige am 23. Juli 1923 während eines Kursus in der Heimvolkshochschule Tinz in Thüringen.

Dieses Bekenntnis zu Max Weber, der für die Notwendigkeiten und Erreichbarkeiten der deutschen Politik ein ungewöhnliches Augenmaß besaß, steht in einem blauen Schulheft mit der Aufschrift „Jungsozialismus", in dem Gustav Dahrendorf Mitte 1923 mit der ihm schon damals eigenen starken männlichen Handschrift das Selbstgedachte, Selbstgefundene zu der neuen Problemstellung des demokratischen Sozialismus, wie diese sich in der jungsozialistischen Bewegung widerspiegelte, zu objektivieren suchte. In den als Vortragsmanuskript erarbeiteten Auslassungen wandte er sich gegen die oberflächliche Vorstellung, als sei die jungsozialistische Bewegung lediglich auf die obengenannten formal-organisatorischen Beschlüsse des Kasseler Parteitages der Sozialdemokratie 1920 begründet. Es ist bezeichnend für ihn und entspricht auch dem wirklichen Tatbestand, wenn er nicht die von der Partei ins Leben gerufenen Gruppen, sondern die aus sich selbst heraus in unmittelbarer Anknüpfung an die Arbeiterjugendbewegung entstandenen Gemeinschaften als die wirkliche Jugendbewegung eines lebendigen Sozialismus bezeichnete.

In einer anderen schriftlichen Arbeit, in einem Artikel „Die Partei als Gemeinschaft", opponierte er gegen einen Sozialismus, der bislang immer nur als ein Problem des Wirtschaftslebens, als Magenfrage diskutiert wurde. In diesem Beitrag machte er sich zum Fürsprecher der jungen Generation, der der Sozialismus eine Angelegenheit der Kultur, der Seelenhaltung, des Herzens, des Bundes Gleichgesinnter ist. Es ging ihm zugleich um die Erweckung gemeinschaftsbildender Kräfte in der Sozialdemokratischen Partei, der er sich aus innerer Freiheit zugehörig fühlte. Das Entscheidende ist ihm dabei, nicht von der Gemeinschaft zu reden, sondern sie durch persönliches Tun zu erleben und zu gestalten. So muss die Partei, sagte er, „allen Regungen im Menschen in ihrem Wirken entsprechen". Sicherlich waren das auch damals keine besonders neuen Töne, aber sie waren charakteristisch für das Werden und Wollen der damaligen jungen sozialistischen Generation.

Bekenntnis zu Volk und Staat

In dieser Jugend stand nun Gustav Dahrendorf, und wiederum war es innerhalb der elementar aufbrechenden eigenständigen Erneuerungsbewegung die progressivste Gruppe, der er sich anschloss. Die jungen, die fast ausschließlich aus den Arbeiterjugendbünden Weimarer Prägung kamen und sich zu Gestaltern des politischen Weltbildes der Jugendbewegung erzogen, bildeten den sogenannten „Hofgeismarkreis der Jungsozialsten", der auf einer von Franz Osterroth und August Rathmann einberufenen Tagung in dem ehemaligen Jagdschlösschen Hofgeismar in Hessen Ostern 1923 ein unumwundenes Bekenntnis zu Volk, Staat und Sozialismus abgab; „ein Bekenntnis, das nicht einfacher, realpolitischer Erwägung entsprang, sondern im letzten Grunde aus der geistigen Struktur der Jugendbewegung zu erklären ist". Die jungen dieser hochgemuten Gemeinschaft, Nachfahren der Ferdinand Lassalle, Ignaz Auer, Georg von Vollmar, Ludwig Frank und des vom Sturm des Krieges ausgelöschten frühvollendeten Otto Braun, waren von der Notwendigkeit demokratischer und sozialistischer Gestaltung des politischen Lebens der Republik durchdrungen. Sie wollten nach vielen Selbstprüfungen von der Phraseologie, von den Verhärtungen althergebrachter Ideologien abkommen, das Politische vermenschlichen, aber auch versachlichen durch verantwortungsbewusste Mitarbeit am Neuaufbau des republikanischen Staatswesens. Natürlich haftete den Bemühungen des „Hofgeismarkreises der Jungsozialisten" manches an, das nur aus der damaligen gärenden Zeit zu verstehen ist. Darüber hinaus haben aber auch viele Vorstellungen und Auffassungen, wie sie Mitte der zwanziger Jahre von den Angehörigen des Hofgeismarkreises publizistisch, rednerisch und lehrend in aller Öffentlichkeit vertreten wurden, etwa zur Theorie und Pra-

xis sozialistischer Außenpolitik, zu Wahlreformplänen, zu den Un-
zulänglichkeiten der orthodox-marxistischen Auffassung vom Staat,
ihren Eigenwert und ihre Diskussionsbeständigkeit bis in die jüngste
Zeit hinein behalten.

Ein besonderes Charakteristikum der geistigen Auseinandersetzung
dieses Jugendkreises, in dem Vertreter nationalbetonter, politisch-
realistischer mit solchen pazifistisch-religiöser und mehr interna-
tional-marxistischer Strömungen um die Wahrheit rangen, war die
Erkenntnis, dass der Gesellschaftsmonismus und die falsch auf ge-
fasste materialistische Geschichtsauffassung, die sozialrevolutionäre
Entwicklungstheorie von Karl Marx und seiner Nachfolger die Arbeiterschaft der Wirklichkeit hat entfremden helfen. Diese Jugend
war nicht unmarxistisch, da sie die Richtigkeit und Zweckmäßigkeit
der Methoden der Analyse der kapitalistischen Produktionsweise des
großen Denkers und Bewegens der Weltgeschichte, die die Arbeiter-
welt wie auch die Wissenschaften beeinflusste, keineswegs leugnete.
Aber auf der anderen Seite erkannte sie auch, dass die kapitalistische
Wirtschaft sich in Formen entwickelte, die Marx nicht voraussehen
konnte, und dass das Bekenntnis zum Sozialismus sich nicht nur aus
dem Bewusstsein der Klassenlage, sondern auch aus religiösen, ethischen, humanistischen Motiven herleiten lässt.

Der Hofgeismarkreis war keine feste Organisation innerhalb der
jungsozialistischen Gesamtbewegung, er war – abgesehen von einem
freundschaftlichen Kern – eine mehr oder weniger feste Gesinnungs-
gemeinschaft, die in Bochum, Dortmund, Düsseldorf, Köln, Hamburg und in Berlin ihre wesentlichen Stützpunkte hatte.

Der historische Schnittpunkt der jungsozialistischen Bewegung, an
dem sich zumindest theoretisch die Geister schieden, war ihre dritte
Reichskonferenz im April 1925 in Jena. Gegenstand der Auseinandersetzungen bildeten die Referate des Hofgeismarers und Leipziger
Staatsrechtslehrers Dr. Hermann Heller und des Wiener Neomarxis-
ten Prof. Dr. Max Adler über das Verhältnis der Sozialdemokratie
zu Staat und Nation. Es war dies eine praktische Fragestellung, eine
Grundsatzfrage sozialistischer Politik unter Berücksichtigung histo-
rischer Entwicklungen und politischer Erfahrungen. Max Adler ließ
sich über die zwei Formen des Staatsbegriffes aus, den formalistischen
und den soziologischen; er bestand in reiner Theorie auf dem sozi-

ologischen des Marxismus, der die unsolidarische Gesellschaft, den Klassenstaat verneint. Er verteidigte die alte, unreale Formulierung vom „Absterben des Staates in der sozialistischen Gesellschaft".

Demgegenüber argumentierte Hermann Heller, dass es unsinnig sei, den Staat als gesellschaftliche Einrichtung abzulehnen. Vom Sozialismus her gesehen, gäbe es keine prinzipielle Ablehnung des Staates, diese sei nur historisch-psychologisch, nicht aber theoretisch-sozialistisch verständlich. Wenn man Politik treiben will – und man muss Politik treiben, wenn man die Gesellschaft verändern will, kann Politik immer nur auf den Staat bezogen sein. Politik erstrebe die „Umsetzung gesellschaftlicher Machtansprüche in staatliches Recht". Es gäbe auch keine Klassenpolitik ohne Staatspolitik. In diesen Auseinandersetzungen erinnerte man sich an Ferdinand Lassalle, der einmal sagte, dass der Zweck des Staates „die Erziehung und Entwicklung des Menschengeschlechts zur Freiheit" ist. Und auch an Rudolf Hilferding, der darauf hinwies, „dass die Einengung des Staatsbegriffs, die den Staat nur als Klassenstaat und dabei nur als Herrschaftsorganisation fasst", nicht dem marxistischen Entwicklungsgedanken entspräche.

Den Hofgeismarern kam es darauf an, nicht bei einer negativen, fruchtlosen Kritik stehen zubleiben, sondern durch praktische politische Mitarbeit an der sozialistischen Durchwirkung des gegebenen kapitalistischen Staates beizutragen.

Diesem nüchternen Gestaltungswillen, der der Wirklichkeitserkenntnis entsprach, war auch Gustav Dahrendorf verhaftet. Er war schon in Hofgeismar dabei gewesen, gehörte sowohl dem Führungskern des Hofgeismarkreises als auch als Vertreter der Hofgeismarer neben Franz Osterroth und Robert Keller der Reichsleitung der Jungsozialisten an. Die von den Hofgeismarern vertretene Staatsgesinnung hatte sich so stark in ihm ausgeprägt, dass sie seine ganze politische Wirksamkeit in der Weimarer Ära, in seiner späteren illegalen Arbeit und auch nach der Hitlerkatastrophe bestimmte. Sein politischer Wille war in den zwanziger Jahren auf den großdeutschen Gedanken und die Wiederherstellung der vollen Souveränität Deutschlands gerichtet, ohne dabei die Notwendigkeit einer europäischen Gemeinsamkeit zu verleugnen. In enger Verbindung mit der Arbeiterbewegung war er im Hofgeismarkreis eines der realistischen, tatkräftigsten Elemente. Er suchte in einem sisyphosähnlichen Kampf die Erstarrung der verbürokratisierten Organisationen aufzuweichen und trug echten Hofgeismargeist in die Partei-, Gewerkschafts- und Kulturarbeit. Er war Leiter des „Hamburger Jugendringes" und gehörte dem Hamburger Landesvorstand der SPD und der Gauleitung des „Reichsbanner Schwarz-Rot-Gold" an.

Immer wieder sahen wir ihn auf Tagungen, Arbeitswochen, Konferenzen als Sprecher, der manche müde Diskussion mit beherrschtem, aber festem Wort in Gang brachte. Er hatte einen stark ausgebildeten Sinn für politische und organisatorische Möglichkeiten und verfügte über die notwendige Energie und den rhetorischen Eifer, um sich durchzusetzen. Dabei scheute er auch keine Plattform, um durch tolerante Beziehungen zu politischen Gegnern den Sozialismus „gesellschaftsfähig" zu machen. So war er, wie übrigens auch sein Hofgeismarer Gesinnungsfreund und Redaktionskollege Dr. Theodor Haubach, Mitglied des Hamburger „Klub vom 3. Oktober", einer Vereinigung junger Sozialdemokraten und Demokraten, die in vornehmen Hotels tagte und bei deren Veranstaltungen Politiker und Gelehrte aller politischen Richtungen und Weltanschauungen sprachen.

Die politischen Merkmale seiner besten Eigenschaften zeigten sich auch in seiner Tätigkeit als Redakteur des „Hamburger Echo" von 1924 bis 1933, als der er die Hamburger Staatspolitik maßgeblich beeinflusste, ebenso wie in der Vertretung öffentlicher Anliegen als Mitglied und zweiter Vorsitzender der sozialdemokratischen Fraktion der Hamburger Bürgerschaft von 1927 bis zum Anbruch des „Dritten Reiches". Seine Parteifreunde setzten in ihn schon damals große Hoffnungen. Vor allem durch die Förderung seines väterlichen Freundes, des damaligen Polizeisenators und jetzigen Präsidenten der Hamburger Bürgerschaft, Adolph Schönfelder, hatte er alle Aussicht, früher oder später einmal Senator zu werden.

Im November 1932 wurde dann Gustav Dahrendorf, damals 31 Jahre alt, in den Deutschen Reichstag gewählt. Hier schloss er sich der jungen Fraktionsfronde der SPD um Dr. Kurt Schumacher, Dr. Carlo Mierendorff und Dr. Julius Leber an, die die zeitgemäße Aufgabe der Sozialdemokratie in einer neuen geschichtlichen Phase – leider zu spät – zu intensivieren, von überlebten Formen zu lösen und mit einem neuen Geist zu erfüllen suchten.

Im Kampf gegen Deutschlands Zerstörer

Mit der Machterschleichung Adolf Hitlers, der alle demokratischen Einrichtungen beseitigte und Deutschland zu einem Schlachtfeld verbrecherischer Abenteurer und skrupelloser Glücksritter machte, war auch Gustav Dahrendorfs öffentliche politische Laufbahn vorerst beendet. Im März 1933 wurde er das erste Mal verhaftet und in Schutzhaft genommen; im Juni folgte die zweite Festsetzung. Nach der Entlassung aus der KZ-Haft ging er daran, sich eine neue Existenz aufzubauen. Er begann als Eleve und rückte, nachdem man seine hervorragenden Fähigkeiten erkannte, bald zum Geschäftsführer großer Kohlenhandelsgesellschaften in Berlin, Nürnberg und München auf.

Gustav Dahrendorf war kein Mensch der Resignation. Seine sich bisher im politischen Leben der Weimarer Demokratie voll und breit auswirkende Tatkraft fand auch im wirtschaftlichen Bereich ein neues und reiches Betätigungsfeld. Sehr bald galt er als ausgezeichneter Experte der Brennstoffversorgung, aber nur seine engsten politischen Freunde wussten, dass er diese unverfängliche Tätigkeit ebenso zur Tarnung benutzte, um illegale Verbindungen aufrechtzuerhalten und den unterirdischen Kampf gegen das nazistische Gewaltregime führen zu können. Er gehörte zu der verschworenen Gemeinschaft um Wilhelm Leuschner, Dr. Julius Leber, Dr. Carlo Mierendorff, Ludwig Schwamb und Hermann Maaß. Aber auch zu dem christlichen Gewerkschaftsführer Max Habermann, dem ebenfalls hingerichteten Fritz-Dietlof Graf von der Schulenburg und indirekt zu Dr. Albert Krebs, dem Vorgänger und späteren Widersacher des Hamburger NS-Gauleiters Kaufmann, unterhielt er konspirative Beziehungen.

Mit Dr. Julius Leber, der stärksten politischen Kraft der deutschen Widerstandsbewegung, verband ihn eine tiefe Freundschaft. Als Julius Leber am 5. Mai 1937 nach über vierjähriger Haft aus dem Konzentrationslager entlassen wurde, besuchte ihn Gustav Dahrendorf zwei Tage später in dessen Wohnung im Berlin-Zehlendorfer Eisvogelweg. Über diese Begegnung berichtet Dahrendorf in dem von ihm mit einem Vorwort versehenen Buch „Ein Mann geht seinen Weg": „Gewiss, die vier Jahre Konzentrationslager waren nicht spurlos an ihm vorübergegangen, aber er war ungebrochen, körperlich, geistig und seelisch. Es entwickelte sich sehr schnell ein politisches Gespräch. Ich meinte, Julius Leber informieren zu müssen. Er lächelte! Er war besser informiert als ich, der ich in der zweifelhaften »Freiheit« des Dritten Reiches lebte. Mir ging's später einmal ähnlich, als mir im Zuchthaus Brandenburg alltäglich pünktlich ein maschinengeschriebener Bericht vorlag, der die neuesten Meldungen aus Moskau, Beromünster, London usw. enthielt. Freundschaft verband mich dann die Jahre bis zum bitteren Ende mit Julius Leber. Ich wusste nicht alles, was er tat, aber manches, was auch mich anging. Ich wusste aber, dass er mit der ganzen Hingabe an einem Werk arbeitete, dem sich, zum Teil in engster Verbindung mit ihm, manche der besten Männer und Frauen gewidmet hatten: Sturz Hitlers und Errichtung einer neuen, dauerhaften Demokratie in Frieden und Freiheit."

In dem winzigen Büro der Kohlenfirma Bruno Meyer Nachf. in Berlin-Schöneberg, deren Mitinhaber Julius Leber war, hatten „die politische Leidenschaft, verachtender Hass und brennende Liebe ihre Herberge", schreibt Theodor Heuss. Hier trafen sich regelmäßig die Gegner des Naziregimes aus den verschiedensten politischen Lagern, und hier wurden auch die ersten Gespräche zur Vorbereitung des Aufstandes gegen Hitler geführt.

Gustav Dahrendorf war einer der wenigen Männer des 20. Juli 1944, die der Blutmühle der nationalsozialistischen Tyrannei entgangen sind. Unmittelbar nach dem Scheitern des Attentatsversuchs wurde er verhaftet. Ein verschlüsseltes Telegramm des Grafen von Stauffenberg oder Goerdelers vom 20. Juli 1944 an den Kommandeur des Wehrkreises X (Hamburg), das Dahrendorfs Ernennung zum Zivilbevollmächtigten der Reichsregierung Goerdelers bzw. zum Kommissarischen Bürgermeister von Hamburg beinhaltete, war in die Hände der Gestapo gefallen. Dahrendorf wusste wohl von diesem „Auftrag", hatte das Telegramm aber nie in Händen gehabt, kannte auch nicht das Datum des „Tages X", an dem er sich mit einer Fußverletzung bei seiner evakuierten Familie in Buckow/Märk. Schweiz befand, wo er auch verhaftet wurde. Von dem Attentat des Grafen Stauffenberg erfuhr er erst durch den Rundfunk.

Während der Untersuchungshaft lag er Wilhelm Leuschner gegenüber, der fast jeden Tag von den Gestapobestien blutig geschlagen wurde. Im August und September 1944 wurde Dahrendorf sieben Wochen lang im Frauen-Konzentrationslager Ravensbrück „vernommen". In dem obengenannten Julius-Leber-Buch schreibt er: „Allmorgendlich treten einige politische Häftlinge – alle tragen KZ-Kleidung – in dem kleinen Hof des Arresthauses des Frauen-KZ Ravensbrück zu einem etwa einstündigen Rundgang an. Unter ihnen die Sozialdemokraten Julius Leber, Hermann Maaß, Theodor Haubach und ich. Jede Unterhaltung ist streng verboten. Zwei SS-Männer wachen darüber, dass der Abstand zwischen den Gefangenen groß genug ist, um eine Verständigung unmöglich zu machen. Wir sehen ein Stück Himmel. Wir atmen tief die Luft ein. Jeder sucht den Blick des Freundes, des Schicksalsgenossen. Wir ahnen unser Schicksal. – »Wettlauf mit dem Tode« hatte Theo Haubach mir einmal zugerufen. Der Zuruf beschäftigte, erregte mich. Das mag sich in Haltung und Antlitz geäußert haben. Julius Leber sieht mich durchdringend an, als wir mit Abstand einander passieren. Sein Körper strafft sich, sein Gesicht ist ein zugleich freundschaftlicher und trotziger Anruf: Lass dich nicht unterkriegen, bewahre Haltung!"

Am 28. September 1944, einen Tag nach der Hinrichtung Wilhelm Leuschners – die westalliierten Truppen hatten schon die deutsche Westgrenze bei Trier überschritten -, wurde Gustav Dahrendorf gemeinsam mit Dr. Julius Leber und Hermann Maaß nach Berlin ins Gefängnis Lehrter Straße abtransportiert. Seine Zelle befand sich im ersten Stock des Gefängnisflügels, der für die Verschwörer des 20. Juli geräumt worden war. Von der Lehrter Straße kam er dann mit der „Grünen Minna" in das Hausgefängnis des berüchtigten Reichssicherheitshauptamtes in der Prinz-Albrecht-Straße. Hier wurde ihm am Abend des 19. Oktober die Anklageschrift „gegen Julius Leber und vier andere" übergeben. Die „vier anderen" waren Gustav Dahrendorf, Prof. Dr. Adolf Reichwein, Hermann Maaß und Dr. Ewald Löser. Die Anklage lautete auf: „Landesverrat, Feindbegünstigung, Hochverrat, Nichtanzeige eines hochverräterischen Unternehmens."

Am 20. Oktober 1944, morgens 8 Uhr, begann dann der schimpfliche Schauprozess vor dem sogenannten Volksgerichtshof unter dem Vorsitz seines bestialischen Präsidenten Roland Freisler. Vierzehn Stunden später verkündete man das Urteil. Julius Leber, Adolf Reichwein und Hermann Maaß wurden zum Tode verurteilt; Gustav

Dahrendorf kam durch einen glücklichen und vielleicht zufälligen Umstand lediglich „wegen Nichtanzeige eines hochverräterischen Unternehmens" mit sieben Jahren Zuchthaus davon.

Innerhalb der Untergrundbewegung gehörten Gustav Dahrendorf und seine engsten Freunde aus dem sozialistischen Lager zu den treibenden Kräften des militärisch-politischen Widerstandes. Man ging dabei von der Erkenntnis aus, dass ein erfolgversprechender Aufstand sich auf der breiten Basis der Arbeiterschaft begründen müsse. Die Vertreter der Arbeiterschaft wie Leuschner, Leber, Dahrendorf wussten, „dass sich in einem Zusammenwirken von Wehrmacht und Arbeiterschaft, wenn auch keine absolut sichere, so doch die einzige Gelegenheit zur Beseitigung der Naziherrschaft und zur Beendigung des Krieges von innen heraus bot".

Über die historische Bedeutung und Bewertung des 20. Juli und über die sich für den Wiederaufbau einer neuen rechtsstaatlichen Ordnung ergebenden Notwendigkeiten hat sich Gustav Dahrendorf des öfteren ausgelassen. So schrieb er in einem Artikel „Die Lehren des 20. Juli 1944", dass ein entscheidender und mächtiger politischer Wille die bewegende Kraft in den Vorbereitungen des 20. Juli gewesen ist. Für diesen politischen Willen stand nicht die Frage im Vordergrund, ob nach einem gelungenen Aufstand ein alt-liberales, ein demokratisches oder ein sozialistisches Deutschland gestaltet werden könnte. Er fragte nicht, ob Herr Beck nachher Reichspräsident, Herr Goerdeler Reichskanzler und irgendwer Reichsfinanz- oder Reichswirtschaftsminister sei. Er fragte nicht, ob Deutschland auf christlicher Grundlage wieder aufgebaut werden müsse, ob der Großgrundbesitz erhalten bliebe oder zerschlagen werden müsse.

„Der politische Wille, der als treibende und entscheidende Kraft hinter dem 20. Juli stand", so schrieb Gustav Dahrendorf, „war einsichtig und überlegen genug, alle diese Fragen, die gewiss Gegenstand von Auseinandersetzungen gewesen sind, gering zu achten. Er hatte nur ein Ziel: Liquidation des Faschismus! Liquidation des Krieges!"

Auch im Zuchthaus Brandenburg hat ihn nie das Bewusstsein verlassen, dass die Hitlertyrannei mit den Kräften des Glaubens an ein Deutschland der sittlichen Würde und der sozialen Gerechtigkeit überwunden werden muss. Während seiner Haftzeit befasste er sich mit den Fragen einer künftigen staatlichen Neubildung, wobei es ihm auf die Fundamentierung und Sicherung einer militanten Demokratie ankam, mit Wirtschaftsproblemen und den Mitbestimmungsansprüchen der Arbeiter- und Angestelltenschaft, und er war stark in der Überzeugung, dass nach der großen Götzendämmerung eine deutsche Rechts- und Sozialordnung im Rahmen eines von der Vernunft regierten Europa kommen werde.

Hier, im Zuchthaus Brandenburg, traf er mit Walter Hammer, dem altbewährten Freiheits- und Friedenskämpfer, zusammen, der ihm über gemeinsame Freunde und Schicksalsgenossen, wie Lorenz Breunig und Fritz Henßler, Dr. Hermann L. Brill und Rudolf Küstermeier, Erich Knauf und Max Sievers, berichtet. Mit Walter Hammer besprach er auch aktuelle politische Fragen, las ihm ein von ihm verfasstes Manuskript vor, das im Geiste Wilhelm Leuschners damals noch stark von der Idee einer großen Arbeiterpartei getragen war.

Schon seit Februar 1945 kursierten in der Strafanstalt unkontrollierbare Gerüchte über die Massenvernichtung politischer Gefangener, die durch die Tatsache, dass bereits einige Transporte mit unbekanntem Ziel abgegangen waren, neue Nahrung bekamen. Auch hieß es, dass die SS in Brandenburg eingerückt sei, um die „Politischen" zu liquidieren. Der Gefangenen bemächtigte sich eine allgemeine Nervosität, die Gustav Dahrendorf durch den ihm eigenen Optimismus zu bezwingen suchte. Er gehörte dem Gefangenenausschuss an, der in Erwartung der Russen gebildet wurde und der – fünf Minuten vor zwölf – manche Erleichterungen für die Gefangenen bei der Zuchthausverwaltung erreichen konnte.

Am Sonntag, dem 27. April 1945, rollte dann der erste. Panzerwagen der Roten Armee vor das Zuchthausportal. Alle Zellentüren wurden geöffnet, und die Gefangenen umarmten sich in dem glückseligen Gefühl, endlich frei zu sein. Danach kam der Befehl, das Zuchthaus unverzüglich zu verlassen, da ein Gegenangriff starker SS-Formationen zu erwarten war. Am 28. oder 29. April verließen Gustav Dahrendorf, dessen ehemaliger Reichstagskollege Otto Buchwitz, der später als einer der wenigen führenden Sozialdemokraten zu den Kommunisten überging, und Walter Hammer gemeinsam das Zuchthaus, um sich nach Spandau durchzuschlagen. Am 8. Mai erreichten sie die Spandauer Kaserne in der Wilhelmstraße, in der sie einige Tage Unterkunft fanden.

Um eine neue soziale Ordnung

Es entsprach der politischen Leidenschaft und dem Verantwortungs-
bewusstsein Gustav Dahrendorfs, dass er sich unmittelbar nach der
Kapitulation dem Wiederaufbau eines demokratischen Deutschlands
zuwandte. Um viele in den zwölf Jahren des Hitler-Regimes gewon-
nene Erkenntnisse und Erfahrungen bereichert, ging es ihm weniger
um einen Wiederaufbau, als um einen Neuaufbau der gesellschaftlichen Ordnung. Es musste der Ausgleich von Mensch und Technik,
ein neues Verhältnis des Menschen zur Massengesellschaft und zur
Volksgemeinschaft gefunden werden. In der Polarität von sozialen und
individualistischen Strömen erkannte er die Aufgabe der Zeit. Ge-
wandelte Wirtschaftsformen setzen aber, so sagte er sich, ein gewan-
deltes Wirtschaftsdenken voraus, wenn man bei der gesellschaftlichen
Reorganisation der Zwangsläufigkeit eines kollektivistischen Schicksals entgehen will.

Zunächst übernahm er die Leitung der Zentralen Kohlenstelle des am
17. Mai 1945 auf Befehl des Besatzungschefs und Stadtkommandanten
von Berlin, Generaloberst Bersarin, eingesetzten Magistrats von Berlin, wobei ihm seine großen Erfahrungen auf dem Gebiet der Brennstoffversorgung zugute kamen. Nach der Potsdamer Konferenz, die
die Besatzungszonen festlegte, wurde er im August 1945 zum ersten
Vizepräsidenten der Zentralverwaltung der Brennstoffindustrie in der
sowjetischen Besatzungszone berufen.

Mit besonderem Eifer widmete er sich neben seinem amtlichen Auftrag der Neubegründung und dem organisatorischen Aufbau der Sozialdemokratischen Partei in der russisch besetzten Zone. Er wurde
in den Zentralausschuss und in den geschäftsführenden Vorstand gewählt, deren Vorsitzende Otto Grotewohl und Max Fechner waren.
Von vornherein zeigte es sich, dass die Kommunistische Partei ein-
deutig von der sowjetischen Besatzungsmacht favorisiert wurde, was u.
a. auch darin zum Ausdruck kam, dass das Organ der Kommunisten,
die seit dem 13. Juni 1945 erscheinende „Deutsche Volks-Zeitung",
vier Wochen vor dem SPD-Organ „Das Volk" mit dem notwendigen
Druckpapier ausgestattet wurde.

Gustav Dahrendorf gehörte zu denen, die in der Nazizeit angesichts
der schmerzlichen Erfahrungen, die man mit der Zersplitterung der

deutschen Arbeiterbewegung in sozialdemokratische, kommunistische und konfessionelle Gruppierungen gemacht hatte, die Einheit der politischen Arbeitnehmerschaft forderten. Vor allem hatte sich Wilhelm Leuschner während des Krieges bemüht, die Gewerkschafter der verschiedenen Richtungen und die Vertreter der früheren politischen Parteien zusammenzuführen, da nach seinen Vorstellungen eine neue gesellschaftliche Ordnung „nicht mehr mit den Rezepten von Anno dazumal und nicht mehr mit einer Wiederholung der Demokratie nach 1918" aufgebaut werden könne.

Leuschner und Dahrendorf haben oft über diese Reorganisation der deutschen Arbeiterbewegung gesprochen. Als Leuschner einen Tag vor seiner Hinrichtung von seinen Gefährten Abschied nahm, rief er ihnen an der Zellentür zu: „Morgen werde ich gehängt, schafft die Einheit!"

Wenn Wilhelm Leuschner von Einheit sprach, so dachte er in erster Linie an die zukünftigen Gewerkschaften, die nach dem Zusammenbruch der Hitlerregierung sich nicht wieder zum Schaden der sozialen Entwicklung in verschiedene Richtungen aufsplittern dürften. Dass auf der politischen Ebene die deutschen Kommunisten zum verlängerten Arm der russischen Besatzungsmacht und zu Funktionären der russischen Außenpolitik werden würden, konnte er nicht voraussehen.

Gegen einen neuen Totalitarismus

Unmittelbar nach dem Zusammenbruch des nationalsozialistischen Regimes stand ein großer Teil der wiedererstandenen Sozialdemokratie der Bildung der organisatorischen Einheit der beiden Arbeiterparteien positiv gegenüber. Man wollte zunächst ins Gespräch kommen. Die Sozialdemokraten sahen in den Einheitswünschen – von Einheitsvorstellungen konnte allerdings noch keine Rede sein – „eine moralische Wiedergutmachung politischer Fehler der Vergangenheit", wie es in dem ersten, am 15. Juni 1945 veröffentlichten Berliner Aufruf, mit dem sie ihre legale Arbeit wieder aufnahmen, hieß. Als dann die SPD am 19. Juni auf der ersten Besprechung zwischen Vertretern des Zentralkomitees der Kommunistischen Partei und des Zentralausschusses der Sozialdemokratie einen Vorschlag zur Bildung einer einheitlichen Organisation unterbreitete, wurde dieser vom ZK abgelehnt. Walter Ulbricht erklärte, dass die Zeit dafür noch nicht gekommen sei.

In den darauffolgenden Monaten zeigte es sich, dass die Kommunistische Partei beim Aufbau ihrer Organisation, bei der Zulassung von Zeitungen und hinsichtlich der Bereitstellung von Papierkontingenten für die Herausgabe von Zeitungen, Referentenmaterial, Propagandaschriften, Plakaten vor allen anderen demokratischen Organisationen von der sowjetischen Besatzungsmacht weitgehendst bevorzugt wurde. Die gleiche Förderung erfuhren die Kommunisten beim Aufbau der Gemeinde-, Kreis-, Provinzial- und Länderverwaltungen, obwohl ihr Rückhalt in der Bevölkerung äußerst gering war, was auch bei den ersten Gewerkschafts- und Betriebsrätewahlen, die überaus starke sozialdemokratische Mehrheiten ergaben, besonders deutlich wurde. Die Kommunistische Partei wurde zu einem Organ der sowjetischen Besatzungsmacht, und die Gefahr einer neuen Diktatur unter anderen Vorzeichen trat immer stärker in Erscheinung. Erst nach den Wahlniederlagen der KPD in den Betrieben entdeckte ihr Zentralkomitee sein Interesse an einer zoneunmäßigen Verschmelzung der beiden Arbeiterparteien und forderte vom Zentralausschuss der Sozialdemokratie die Einberufung einer gemeinsamen Konferenz der Zentral- und Bezirksleitungen beider Parteien.

In einer Vorbesprechung des SPD-Zentralausschusses mit den Bezirksvertretern am 19. Dezember 1945 hatte Gustav Dahrendorf die Grundgedanken einer Erklärung präzisiert, die allgemein anerkannt und von Otto Grotewohl auf der gemeinsamen Konferenz am 20. Dezember vorgetragen wurde. In dieser Erklärung kam u. a. zum Ausdruck, dass die KPD „vielfach nicht im Geiste der von ihr selbst bekundeten demokratischen Grundsätze" handele, dass es sich für die SPD aus den bisher gemachten Erfahrungen verbiete, „für etwaige Wahlen gemeinsame Listen aufzustellen", und dass vor allem die „SPD vor der Bildung der SPD im gesamten Reich und ihrer ungehinderten Entfaltung und vor der ordnungsgemäßen Wahl ihrer Instanzen durch eine Reichskonferenz bzw. einen Reichsparteitag keine verbindlichen Erklärungen über die Zusammenarbeit abgeben kann und will".

Da die „Basis absoluter Gleichberechtigung mit der KPD beim Aufbau einer parlamentarisch-demokratischen Republik" nicht gegeben war, wurde von der SPD beschlossen, die Forderungen des Zentralkomitees der Kommunistischen Partei nach Aufstellung gemeinsamer Kandidatenlisten, Veranstaltung gemeinsamer Mitgliederversammlungen, Funktionärkonferenzen und Leitungssitzungen auf der gemeinsamen Konferenz am 20. Dezember 1945 abzulehnen.

Darauf erfolgte in den nächsten Wochen und Monaten ein frontaler kommunistischer Angriff auf die Sozialdemokratische Partei in Berlin, in allen Provinzen und Ländern der sowjetischen Besatzungszone. Die sozialdemokratischen Organisationen wurden von den örtlichen Kommandanten der russischen Besatzungsmacht gezwungen, gemeinsame Versammlungen und Konferenzen zum Zwecke der organisatorischen Vereinigung durchzuführen. Als die Mitgliederversammlung des Kreises Rostock der SPD einmütig in einer Entschließung zum Ausdruck brachte, dass die Verschmelzung nicht das Werk von Vorständen, Ausschüssen und anderen Instanzen sein könne und die Mehrheitsentscheidung der gesamten Parteimitgliedschaft durch eine Urabstimmung festgestellt werden müsse, durfte auf Befehl der sowjetischen Besatzungsmacht diese Entschließung nicht in der SPD-Zeitung Mecklenburgs veröffentlicht werden. Die Sozialdemokraten, die dafür eintraten, dass in einer demokratischen Partei der Wille der Mitglieder oberstes Gesetz sei, verunglimpfte man als „Saboteure der Einheit" und als „Reaktionäre". SPD-Parteisekretäre wurden gewaltsam abberufen, unzählige Sozialdemokraten am Reden gehindert und verhaftet, Exmittierungen, Haussuchungen und ständige Überwachungen, unter dem Zeichen der „verschlungenen Hände" durchgeführt. Gustav Dahrendorf war zu vertraut mit der kommunistischen Maskierungs- und Infiltrationspolitik, als dass er nicht rechtzeitig die wahren Absichten der einseitig nach der Sowjetunion orientierten Kommunisten erkannt hätte. Er war auch ein zu guter Demokrat, um sich mit dem Prinzip der Kaderorganisation, auf dem die KP aufgebaut ist und das keine innere Parteidemokratie kennt, abfinden zu können. In der Erkenntnis, dass Deutschland wieder einer autoritären Politik unterworfen werden sollte, und dass „durch die Maßnahmen der sowjetischen Besatzungsmacht und durch die Tätigkeit der Kommunistischen Partei sowohl gegen die grundsätzlichen als auch gegen die objektiven Voraussetzungen nunmehr seit längerer Zeit verstoßen wird und die Freiheit der Bewegung und der Entschließung der Sozialdemokratischen Partei, ihrer Landes- und Bezirksverbände sowie auch ihrer Funktionäre und Mitglieder praktisch aufgehoben ist", beantragte er auf der Sitzung des Zentralausschusses der ostzonalen SPD am 11. Februar 1946 die Auflösung der Sozialdemokratischen Partei für den Bereich der sowjetrussischen Besatzungszone einschließlich des sowjetrussischen Sektors der Stadt Berlin .

An Stelle der Abstimmung über den Auflösungsantrag wurde eine Entschließung des Zentralausschusses gegen drei Stimmen (Gustav Dahrendorf, Annedore Leber und Karl J. Germer) angenommen, die die Einberufung eines ostzonalen Parteitages, einschließlich Berlins, forderte. Dem Sinne nach enthielt diese Entschließung eine Vorentscheidung für die Zwangsvereinigung. Die Mehrheit des von Otto Grotewohl und Max Fechner düpierten Zentralausschusses beugte sich dem Druck der russischen Besatzungsmacht und der deutschen Kommunisten. Gustav Dahrendorf und mit ihm Annedore Leber und Karl J. Germer widersetzten sich der Unterwerfung und schieden aus dem Zentralausschuss aus. Er beherzigte die ihm hinterlassene Mahnung Wilhelm Leuschners, „alles zu tun, dass nie eine Zeit wiederkehre, in der die Freiheit des Geistes und die Freiheit der Persönlichkeit unterdrückt würde".

Otto Grotewohl und Max Fechner standen inzwischen schon auf dem „anderen Ufer". Nur der Berliner Landesverband der SPD, der in den westlichen Sektoren seine Bewegungs- und Entscheidungsfreiheit behalten hatte, konnte sich gegen die Zwangsvereinigung erfolgreich zur Wehr setzen. Auf der Funktionärkonferenz der Berliner SPD im Admiralspalast am 1. März 1946 wurde eine Entschließung zur Urabstimmung über die Frage der Verschmelzung mit der KPD mit überwältigender Mehrheit angenommen. Am 31. März, dem Tage der Urabstimmung, bekräftigten 82 Prozent der Westberliner Sozialdemokraten den energischen Widerstand einer Anzahl mutiger und entschlossener Männer und Frauen, die Weisungen nur aus sich selbst und aus den Notwendigkeiten einer deutschen Politik empfangen wollten. Am 7. April beschlossen dann 465 Delegierte des 2. SPD-Landesparteitages, die 47 000 Mitglieder vertraten, die Erhaltung der Unabhängigkeit der Berliner Sozialdemokratie. Man trennte sich von dem schon kommunistisch infiltrierten Zentralausschuss – und wählte sich mit Franz Neumann an der Spitze eine neue Leitung.

Im Frankfurter Wirtschaftsrat

Noch bevor die Sozialdemokraten in der sowjetisch besetzten Zone durch die Konstituierung der Sozialistischen Einheitspartei vollends ihrer organisatorischen Selbständigkeit und politischen Freiheit beraubt wurden, verließ Gustav Dahrendorf Berlin und ging in seine Vaterstadt zurück. Schon unmittelbar nach der Kapitulation wusste er, dass im Plane der demokratischen Neugestaltung seine künftige berufliche Tätigkeit auf dem Gebiete der Gemeinwirtschaft liegen werde. In den Konsumgenossenschaften sah er von jeher eine Bewegung der wirtschaftlichen Selbsthilfe der Verbraucher. So nahm er den an ihn ergangenen Ruf, in den geschäftsführenden Vorstand der großen Hamburger Konsumgenossenschaft „Produktion", e.G.m.b.H., einzutreten, freudig auf. Mit der Übernahme dieser wirtschaftsorganisatorischen Position im Rahmen gemeinnütziger Bestrebungen zum Wohle breiter Volksschichten im November 1946 betrat er ein Wirkungsfeld, das seiner vorwärtsweisenden Tatkraft und seinen wirtschaftspolitischen Konzeptionen entsprach.

Diese seine hervorragenden und sich immer stärker ausprägenden Fähigkeiten zeigten sich nicht zuletzt auch – sozusagen als Zwischenspiel – im Zuge der beginnenden wirtschaftlichen Konsolidierung Westdeutschlands, als Mitte Juni 1947 die Regierungen der USA und Großbritanniens daran gingen, ihre Besatzungszonen zum „Vereinigten Wirtschaftsgebiet" (Bizone) zusammenzulegen.

Die Abgeordneten für den Zweizonen-Wirtschaftsrat als das oberste wirtschaftliche Koordinierungsorgan des britisch-amerikanischen Besatzungsgebietes wurden nicht direkt, sondern durch die Landtage gewählt. Die Hamburger Bürgerschaft, der Gustav Dahrendorf wieder seit Oktober 1946 angehörte, delegierte ihn in diesen Zweizonen-Wirtschaftsrat, der sich am 25. Juni 1947 in der Großen Börsenhalle in Frankfurt konstituierte. Er wurde zum 1. Vizepräsidenten dieser mit gesetzgeberischen und verwaltungsmäßigen Befugnissen ausgestatteten Institution gewählt, bis deren Funktionen nach der vorläufigen staatsrechtlichen Neuordnung Westdeutschlands im Spätherbst 1949 auf die Bundesregierung und den Bundestag übergingen.

In vielen Plenar- und Ausschusssitzungen des Frankfurter Wirtschaftsrates hat Gustav Dahrendorf seinen Vorstellungen von einer freien Wirtschaftsverfassung, in der die Genossenschaften als kooperative Ergänzung der Marktwirtschaft nach der sozialen Seite hin zu gelten haben, vielbeachteten Ausdruck gegeben. Seine intensive Mitarbeit trug entscheidend dazu bei, die hervorragende Stellung der Konsumgenossenschaften innerhalb der heutigen Gesellschaft stärker in das Bewusstsein der Öffentlichkeit zu rücken. Auf seinen Antrag hin ist seinerzeit im Wirtschaftsrat beschlossen worden, den § 8, Absatz 4 des Genossenschafts-Gesetzes, der den Verkauf an Nichtmitglieder verbietet, vorerst zu suspendieren. Dass dieser einschränkende Paragraph fallen musste, entsprach dem Gleichheitsprinzip demokratischer Gerechtigkeit, denn die Konsumgenossenschaften können die gleiche gesetzliche Behandlung verlangen, die anderen Marktgruppen zugebilligt wird. Am 19. Juni 1954 hat dann der Bundestag mit überraschend großer Mehrheit diesen Ausnahmeparagraphen aufgehoben.

Während dieser fast zweijährigen Arbeit im Wirtschaftsrat kam Gustav Dahrendorf auch zu der durch Erfahrungen erhärteten Erkenntnis, „dass der wirtschaftspolitische Streit unserer Tage vorwiegend um unechte Gegensätze geführt wird". Er stellte die Frage, ob hinter den Begriffen „Freie Wirtschaft", „Soziale Marktwirtschaft", „Planwirtschaft", „Wirtschaftslenkung" wirklich ein konkretes Bild dessen steht, was mit ihnen gemeint ist. „Ist der Gegensatz zwischen einer sozialen Marktwirtschaft und einer Planwirtschaft", so fragte er weiter, „so unüberbrückbar groß, dass vorzugsweise er Koalitionen zu verhindern vermag?" Er bekam keine Antwort darauf. Und als man an die Besetzung der fünf Direktoren der Hauptverwaltungen des Wirtschaftsrates ging und die Forderung der SPD, den Wirtschaftsdirektor mit einem von ihr nominierten Vertreter zu besetzen, vom Plenum abgelehnt wurde, war die SPD gezwungen, in die Opposition zu gehen. Die fünf Direktoren wurden aus Vertretern der CDU gewählt. Mit dieser staatspolitisch unklugen Handlung begann eine der tragischsten innerpolitischen Entwicklungen der

Nachkriegszeit, die zur Versteifung der Fronten führte und durch die die zweitgrößte Partei von der Mitverantwortung aus machtpolitischer Engherzigkeit ausgeschlossen wurde.

Der praktische Idealismus

Schon ein Jahr nach seinem Eintritt in den geschäftsführenden Vorstand der Hamburger „Produktion" wurde Gustav Dahrendorf zum Geschäftsführer der Großeinkaufs-Gesellschaft deutscher Konsumgenossenschaften m.b.H. (GEG) gewählt. Am 1. April 1949 übernahm er das Amt des Vorsitzenden der Geschäftsleitung der GEG und im September 1951 gleichzeitig den Vorsitz im Vorstand des Zentralverbandes deutscher Konsumgenossenschaften e. V. Im gleichen Jahr berief ihn auch der Zentralvorstand des weltumspannenden Internationalen Genossenschaftsbundes in seinen Leitenden Ausschuss.
Der Sinn dieser Koordinierung lag neben der Vereinfachung der zentralen Verwaltungen vor allem in der verstärkten und wirksameren Gesamtvertretung der Konsumgenossenschaftsbewegung. Die Herstellung der Personalunion zwischen dem Zentralverband deutscher Konsumgenossenschaften und der Großeinkaufs-Gesellschaft ermöglichte die planvolle Bearbeitung gemeinsamer und übereinstimmender Anliegen der beiden Zentralen. Wohl bestanden zwischen dem konsumgenossenschaftlichen Spitzenverband und der zentralen Geschäftsanstalt (GEG) von jeher enge freundschaftliche Beziehungen. Aber erst durch die Konzentration der Kräfte in der Hand Gustav Dahrendorfs kam es zu einer stärkeren arbeitsmäßigen und repräsentativen Vertretung der eigentlichen Verbraucherinteressen auf allen Gebieten der Wirtschafts- und Sozialpolitik und gegenüber der Regierung, dem Parlament und anderen öffentlichen Instanzen.
Mit dieser für die jüngste Genossenschaftsentwicklung bedeutsamen Koordinierung der Leitungen der beiden großen Spitzenorganisationen begann eine neue Phase der konsumgenossenschaftlichen Entwicklung, so dass man in der Folgezeit von einer Ära Dahrendorf sprechen konnte, wie man einst von einer Ära Heinrich Kaufmann, die bis zum Jahre 1928 eine entscheidende Rolle in der Konsumgenossenschaftsbewegung spielte, gesprochen hat.

Förderung des Verbraucherbewusstseins

Wirtschaft ist kein Selbstzweck, wozu ihn die kapitalistische Entwicklung gemacht hat; Wirtschaft hat ihrer Bestimmung nach eine gesellschaftliche, d. h. eine soziale Funktion. „Um des Menschen willen wirtschaften wir, so wie um des Menschen willen eigentlich Politik gemacht werden sollte", sagte Gustav Dahrendorf.

Wenn nun aber der einzelne Mensch auf Grund seines sozialen Standorts und seiner Bedürfnisse auch sehr auseinandergehende Vorstellungen von Sinn und Aufgabe der Wirtschaft hat – in seiner Eigenschaft als Verbraucher hat er zweifellos übereinstimmende Interessen und Forderungen. Gewiss ist er von seiner sozialen und wirtschaftlichen Situation abhängig. Aber wenn „der Verbraucher sich auf sein vitales Interesse als Verbraucher besinnt, dann findet er ein durchaus menschliches Verhältnis zur Wirtschaft".

Da in der heutigen Gesellschaft noch weitestgehend „nicht um des Menschen willen, sondern um des Gewinnes willen oder vielleicht auch um imponderabiler Absichten willen, wie sie beispielsweise in dem Streben nach Macht oder Einfluss liegen", gewirtschaftet wird, müssen – nach Gustav Dahrendorf – die wirtschaftlichen und sozialen Interessen der Menschen zu einem Verbraucherbewusstsein entwickelt und gefestigt werden.

Gegen den neoliberalistischen Dogmatismus

Gustav Dahrendorfs wirtschaftspolitische Konzeptionen wurden in erster Linie von diesem Verbraucherbewusstsein bestimmt. Um auf die Versorgung mit Konsumgütern im Rahmen gegebener Wirtschaftsordnung Einfluss nehmen zu können, wurde er zum Anwalt der größten selbstwirtschaftenden Selbsthilfeorganisation der breiten Volksschichten. Sozialgeschichtlich gesehen sind die Konsumgenossenschaften als die legitime Vertretung der Verbraucherschaft ein konstruktiver Protest gegen die unsozialen Tendenzen eines zügellosen Kapitalismus, wie dieser sich in dem liberalistischen Wirtschaftssystem des 19. Jahrhunderts theoretisch und praktisch zu rechtfertigen suchte. Als nach der Hitlerkatastrophe, der kriegs-

und nachkriegsbedingten Zwangswirtschaft, nach der Währungsreform abermals das „freie Spiel der Kräfte" als „freie Marktwirtschaft" von der Bundesregierung proklamiert wurde, trat an die Stelle des Dogmatismus der staatlichen Befehlswirtschaft der neoliberalistische Dogmatismus. Geht man diesem Neoliberalismus Röpkescher Prägung auf den Grund, so erkennt man in ihm nicht viel mehr als die Restaurierung eines überholten wirtschaftlichen Systems, das jedem die absolute Freiheit gibt, was, wie und wie viel er produzieren will. Selbstverständlich ist die freie Marktwirtschaft gegenüber der Zwangswirtschaft ein Fortschritt. Diese muss jedoch – wie Dahrendorf immer wieder in seinen Schriften, Vorträgen und öffentlichen Kundgebungen zum Ausdruck brachte – zur Sicherung der elementaren Lebensbedürfnisse der breiten Volksschichten und angemessener, gerechter Preise für die täglichen Bedarfsgüter gebändigt werden. So spricht er von einer regulierten Marktwirtschaft, wobei die Regulierungen nach Versorgungsnotwendigkeiten und nach dem Gesichtspunkt der Rohstofflage erfolgen müssen. Dem sogenannten „deutschen Wunder", das geschaffen zu haben die neoliberalistische Wirtschaftspolitik für sich in Anspruch nahm, stand er sehr skeptisch gegenüber, Jedenfalls war er der Auffassung, dass die rapide wirtschaftliche Erholung Deutschlands auf verschiedene Ursachen zurückzuführen sei: auf die aufgestaute Initiative in Industrie und Händel, auf die Währungsreform, die ERP-Kredite und auf die opferwillige Tatkraft der Arbeiter- und Angestelltenschaft, die die zerstörten Betriebe durch ihrer Hände Arbeit Stein um Stein wieder aufbauten. Er wandte sich gegen die Sorglosigkeit in bezug auf die Arbeitslosigkeit, gegen die unsozialen Tendenzen und Einseitigkeiten der amtlichen Wirtschaftspolitik und im Hinblick auf die Investitionsbedürfnisse gegen die gefährlichen Fehlleitungen an Kapital, die dazu führten, dass sich die Verbrauchsgüterindustrie immer mehr ausweitete, die Grundstoffindustrien aber in sozialer, technischer und wirtschaftlicher Beziehung im Rückstand blieben. So hat er einmal öffentlich die Forderung erhoben, „eine kleine aktionsfähige Verwaltung für den Wiederaufbau zu schaffen, deren vorzugsweise Aufgabe darin bestehen sollte, im Wege der Koordinierung gegenüber Ländern, Sparkassen, Versicherungen und der Wirtschaft für eine sinnvolle Kreditlenkung zu sorgen". Als entschiedener Gegner von Kartellen und Monopolen kämpfte er gegen „Machtbildungen, die die Freiheit dazu missbrauchen, um die Freiheit zu erdrosseln".

Für die freie Gemeinwirtschaft

„Ordnung in Freiheit" – das war Gustav Dahrendorfs wirtschaftspolitische Devise; Freiheit und Planung, um die auch die „freie Wirtschaft" Professor Erhards nicht herumkommt, die charakteristischen Merkmale einer regulierten Marktwirtschaft, wie sie vornehmlich von den Konsumgenossenschaften gefordert wurde und wird. In den Konsumgenossenschaften, die den unsozialen Tendenzen des Kapitalismus entgegengerichtet sind, sah er die Grundlage einer freien Gemeinwirtschaft, die eine gerechte Verteilung des Sozialprodukts gewährleistet, die Wohlfahrt des Menschen fördert, die Demokratisierung beschleunigt und der Gesellschaft ein soziales Fundament gibt. Freie Gemeinwirtschaft ist nach dem alten Genossenschaftspraktiker Dr. h. e. Henry Everling, der auf Grund jahrzehntelanger Beobachtungen und praktischer Arbeit dieses neue Wirtschaftsgebilde als erster theoretisch begründete' weder freie Marktwirtschaft noch Zwangswirtschaft, noch Genossenschaftswirtschaft oder staatliche Gemeinwirtschaft. Freie Gemeinwirtschaft ist eine auf Selbsthilfe und direkten Mitbesitz der Beteiligten beruhende profitlose Wirtschaftsform, also keine Erwerbs-, sondern sich auf gewinnloser Basis entfaltende Bedarfsdeckungswirtschaft. D. h., dass nicht alle Genossenschaftsarten – wie etwa die gewerblichen und landwirtschaftlichen Genossenschaften, deren Mitglieder erwerbswirtschaftlich orientiert sind – zur freien Gemeinwirtschaft gehören. Erst der freiwillige Zusammenschluss von Personen und Organisationen, die zugleich gemeinschaftlich Eigentümer der wirtschaftlichen Unternehmungen sind, kennzeichnet diese neue Wirtschaftsform. Zu ihren tragenden Fundamenten gehören dementsprechend die Konsum- und sozialen Baugenossenschaften, die Gewerkschaften und die aus der Verbindung von Konsumgenossenschaften und Gewerkschaften entstandenen wirtschaftlichen Eigenunternehmungen, Versicherungsgesellschaften und Gemeinwirtschaftsbanken, an denen die Staatsbürger „direkt als

Personen mit Geschäftsanteilen und Spargeldern oder indirekt durch ihre gewerkschaftlichen und genossenschaftlichen Organisationen als Miteigentümer beteiligt sind".

„Der Mensch das Maß aller Dinge"

Mitbesitz, Mitbestimmung und Mitverantwortung, die die Freiheit der Menschen auf der Ebene der Wirtschaft sichern, sind Forderungen unserer Zeit, Forderungen, die die organisierten Massen an die Gesellschaft stellen. Verheißt ihnen die Demokratie ein weites Maß persönlicher Unabhängigkeit, Freiheit, größtmögliche Wohlfahrt und vernunftgebotene Sozialverantwortlichkeit, so ergänzen die Konsumgenossenschaften die politische Demokratie nach der wirtschaftlichen und sozialen Seite hin. Die zutiefst sittliche Idee der echten Selbsthilfe und des gemeinschaftlichen Wirkens ist seit ihrem Ursprung ihre ständige Antriebskraft.

Diese Idee entsprach auch Gustav Dahrendorfs sozialistischem Bewusstsein. In seinem unermüdlichen Planen und Handeln ging es ihm nicht um Macht, obgleich die Konsumgenossenschaften ohne Frage einen bedeutsamen Faktor im wirtschaftlichen Leben darstellen; es ging ihm um die Vermenschlichung der wirtschaftlichen und sozialen Beziehungen, um die Synthese von Freiheit und Bindung. In der parteipolitisch und konfessionell unabhängigen Konsumgenossenschaftsbewegung, an deren Überwindung einstiger Aufgespaltetheit in Richtungen er einen entscheidenden Anteil hat und deren organisatorische Einheit ihm täglich am Herzen lag, sah er die Voraussetzungen für die Befreiung des Menschen aus der Gewalt anonymer Mächte. Der arbeitende Mensch, den die industrielle Entwicklung zum Objekt des Kapitals erniedrigte, muss vom besitzlosen Arbeitnehmer zum Subjekt der Wirtschaft, zum gleichberechtigten Mitbesitzer der Wirtschaft werden. Das Wort des griechischen Philosophen Protagoras vom Menschen als dem Maß aller Dinge, mit dem seine Schrift „Die Niederwerfenden" beginnt und das zunächst von Plato im Sinne eines schrankenlosen Individualismus verstanden wurde, hat Gustav Dahrendorf, ins Solidarische gewendet, zur ethischen Forderung erhoben. Der Mensch soll in „Freiheit und Bindung" zum Gestalter seines gesellschaftlichen Schicksals, zum Handelnden zum Wohle der Gemeinschaft werden. Diese Forderung, unablässig in Wort und Tat verkündet, bestimmte das letzte Jahrzehnt seines arbeits- und wirkungsreichen Lebens.

Lebendige Demokratie

Gustav Dahrendorfs politische Aktivität war von früher Jugend an auf eine Verpersönlichung und Verlebendigung der Demokratie gerichtet. Dazu gehörten auch seine nachhaltigen Überlegungen über eine Reform des Wahlrechts und damit über eine Neuordnung des Parteienwesens überhaupt.

Sehr bald nach 1945 ist die sich zunächst so hoffnungsvoll darbietende Entfaltung der Demokratie von einem Ungeist restaurativer Tendenzen gehemmt worden. Die entscheidende Ursache für diese restaurative Grundstimmung sah Gustav Dahrendorf in der Wiedergeburt und Galvanisierung des alten Parteiensystems und in der künstlichen Erhaltung durch das offene oder getarnte Verhältniswahlrecht.

In dem Verhältniswahlrecht, mit dem der Wähler Listen der Partei, nicht jedoch die Person des Kandidaten wählt und in dem man durch eine komplizierte mathematische Berechnungsart die Mandate unter die Parteien im Verhältnis der auf sie entfallenden Stimmen verteilt, glaubt man der politischen Gerechtigkeit zu dienen, etwa in dem Sinne, als man die Volksvertretung zum Ausdruck aller politischen, sozialen und wirtschaftlichen Kräfte macht. Der Proporz, ein auf der Zahl, nicht auf der Person aufgebautes Wahlsystem, widerspricht jedoch dem Parlamentarismus und verfälscht die politischen Funktionen der Parteien.

Wie unzulänglich und gefährlich ein solches Verhältniswahlrecht ist, hat Gustav Dahrendorf im Hinblick auf die intellektualistische Konstruktion der Weimarer Verfassung, die den Feinden der Demokratie die Mittel zu ihrer Beseitigung in die Hand gab, oft und nachdrücklich dargelegt. Er vertrat in Reden und Aufsätzen, zumeist im Rahmen der Deutschen Wählergesellschaft, deren Vorstand er angehörte, die Meinung, dass es nicht auf das angebliche Höchstmaß an Gerechtigkeit, das man jedem einzelnen widerfahren lassen möchte, sondern auf den politischen Sinn des Wahlrechts ankäme. D. h. das Wahlrecht muss dem demokratischen Staat durch klare Entscheidungen zu einer handlungsfähigen Regierung und einer regierungsfähigen Opposition verhelfen.

Aus diesen politischen Einsichten heraus war Gustav Dahrendorf ein vorbehaltloser Anhänger des relativen Mehrheitswahlrechts, jenes Verfahrens, bei dem alle Abgeordneten in Ein-Mann-Wahlkreisen gewählt werden. Der die meisten Stimmen erhält, ist gewählt, ohne dass er etwa die Mehrheit aller abgegebenen Stimmen auf sich zu vereinigen braucht. Natürlich kommen durch das relative Mehrheitswahlrecht die kleinen Parteien ins Hintertreffen. Aber gerade das ist hinsichtlich einer echten Mehrheitsbildung im Parlament und damit für die Schaffung einer stabilen Regierung ein Vorzug. Es ist nichts damit getan, dass durch das destruktive Verhältniswahlrecht den kleinen Parteien, die oft nur dem Geltungsbedürfnis einzelner Akteure ihre Entstehung verdanken, die Gelegenheit gegeben wird, bei Regierungsbildungen das Zünglein an der Waage zu bilden und dadurch ein weit über ihre Stärke hinausreichendes politisches Gewicht zu erlangen.

Die Erkenntnis der politischen Natur von Sinn und Zweck der Wahl war aber für Gustav Dahrendorf nur ein Teilproblem der demokratischen Neugestaltung der Gesellschaft. In dem relativen Mehrheitswahlrecht sah er die Voraussetzungen für die Vereinfachung des Parteiensystems überhaupt. Er war der Auffassung, dass sich die großen und echten Gegensätze sehr gut in zwei großen Parteien – einer großen Rechtspartei und einer großen Linkspartei – unterbringen lassen. Denn „nicht alle Gegensätze, die in der neuen Ära der deutschen Demokratie ausgetragen werden, sind wirklich echt". So hielt er die politische Scheidung der Menschen nach konfessionellen Bekenntnissen „für eine Verirrung und für eine Verdunkelung". Entscheidend sei doch gegenüber den bewegenden Fragen des gesellschaftlichen und staatlichen Lebens der politische Wille und nicht die weltanschauliche, oft auch durch abseitige Interessen verursachte Aufsplitterung.

Die dritte Kraft

In diesem Bemühen war Gustav Dahrendorf frei von jenem verhängnisvollen Opportunismus, der die bestehenden politischen Kräfteverhältnisse aus Ideenarmut und Unentschlossenheit konservierte. Seine dynamische Natur suchte nach konstruktiven Lösungen. Wie in der Wirtschaftsgestaltung, so beruhte auch sein politisches, staatspolitisches Denken auf den Erfahrungen des Anschauungsunterrichtes, den er während der Weimarer Ära und des Hitlerreiches erhalten hatte. Seine Sorge galt der deutschen Demokratie, ihrem Ansehen, ihrer Sicherung und ihrer sozialen Fundamentierung. In diesem Willen, mitzuhelfen, war er davon überzeugt, dass die Demokratie nur dann lebensfähig bleibt, wenn ihre Vertreter auch den Mut haben, an Stelle der alten, überlebten, dem Geist des 20. Jahrhunderts nicht mehr entsprechenden Formen neue und wirksamere politische Institutionen zu setzen. Auch hierin war er Realpolitiker, dem nicht die moralisch-idealistischen Wunschvorstellungen, sondern die gesellschaftlichen Gegebenheiten und Notwendigkeiten der Ausgangspunkt für eine Gestaltung der demokratischen Ordnung waren.

Nach der Totalkatastrophe des Hitler-Deutschland war Gustav Dahrendorf von der großen Hoffnung beseelt, dass die aktiven antifaschistischen Kräfte die Fehler der unvollendet gebliebenen Revolution von 1918 durch tiefgreifende gesellschaftliche Umwandlungen und Veränderungen wettmachen würden. Leider haben die Besatzungsmächte, die Wiedergeburt des alten Parteiensystems und politische Resignation eine solche Erneuerung Deutschlands von Grund auf verhindert. Denn Parlamentswahlen, mögen sie auch allgemein, gleich, direkt und geheim sein, sind nur eine der formalen Ausdrucksformen der Demokratie. Dahrendorf sah in ihnen nur Prüfsteine, nicht aber die Erfüllung. Auch die Proklamation, dass geistige Freiheit, die Freiheit der Persönlichkeit und die Rechtssicherheit unverzichtbare Bestandteile der Demokratie sind, genügte ihm nicht. Er war Sozialdemokrat und als Sozialdemokrat durchdrungen von der sittlichen Idee und Verantwortung der Arbeiterbewegung, die Vergangenheit zu liquidieren, die Klassenungleichheit zu beseitigen und den Menschen aus der ungerechten Abhängigkeit des Kapitalismus durch eine sozialistisch-demokratische Ordnung in Staat und Gesellschaft zu befreien. Im demokratischen Sozialismus sah er die dritte Kraft zwischen den beiden gegeneinander stehenden Imperialismen: dem „Imperialismus eines totalitären, nationalistischen und zentralistischen Staatskapitalismus einerseits, dem Imperialismus eines lediglich formal-demokratischen privatkapitalistischen Hochkapitalismus andererseits". In der Anerkenntnis dieser dritten Kraft setzte er mit dem Blick auf die Weltpolitik sich vorbehaltlos für eine Politik ein, die die Option für den Osten und gegen den Westen oder für den Westen und gegen den Osten ablehnt. Mit beiden Mächtegruppen müsse man in Frieden leben.

Neuordnung und Tradition

In diesem Kampf um die Neuordnung der Gesellschaft hat es Gustav Dahrendorf auch nicht an Kritik an seiner eigenen Partei fehlen lassen. Für ihn waren die Parteien politische Institutionen, die von ihnen vertretenen Weltanschauungen, konfessionellen oder landsmannschaftlichen Argumente aber noch keine Beweise ihrer Existenzberechtigung. Auch die Aufgabe der Sozialdemokratischen Partei, der er seit früher Jugend mit großer Begeisterung und starker Überzeugungskraft anhing, sah er nicht im Weltanschaulichen, sondern im praktischen politischen Wollen und Handeln begründet. Ihr Ziel sei es, den arbeitenden Menschen aus der Erniedrigung durch den Kapitalismus zu erlösen und seine Wohlfahrt zum herrschenden Prinzip der Gesellschaft zu machen – wie schon Ferdinand Lassalle 1863 in seinem „Arbeiterprogramm" verkündete.

Bei aller Anerkennung der großen Tradition der sozialdemokratischen Volksbewegung war Gustav Dahrendorf jedoch der Wandel der politischen Funktion der SPD in einer veränderten Zeit bewusst geworden. Vor allem schien ihm eine Reorganisation des Parteiapparates erforderlich. Neue Methoden und Formen der psychologischen Technik, der Agitation, der Massenregie, eine engere Verbindung von Wählern und Gewählten, von Führung und Mitgliedern müssten gefunden werden, Sprache und Symbole zeitnaher gefasst sein, um die realen Aufgaben im Hier und jetzt bewältigen zu können.

Im Zuge der innerhalb der Sozialdemokratischen Partei nach ihrem Dortmunder Parteitag 1952 einsetzenden Diskussion über die Frage der Bedeutung der Tradition und das Für und Wider gewordener und gewachsener Lebens- und Denkformen plädierte Dahrendorf für eine Abkehr von verstaubten Theorien, die, wie etwa die marxistische Verelendungstheorie, sowieso kein Gegenstand der praktischen sozialdemokratischen Politik mehr sind, und für die Entwicklung einer modernen Gesellschaftsauffassung, die die Veränderung der Klassengrenzen und die neuen sozialen Tatsachen unseres Jahrhunderts berücksichtigt.

Bei aller konsequenten Verfolgung seiner Vorstellungen wusste er aber auch, dass die oft mit viel Pathos als neu vorgetragenen Erkenntnisse, deren die SPD bedürfe, so alt wie die Sozialdemokratische Partei selbst sind. Vieles, was aus ehrlichem Bemühen um eine zeitgemäße Konzeption der geistigen Begründung des demokratischen Sozialismus, aber noch viel mehr um die Reformierung der politischen Parteipraxis diskutiert wird, hatte schon die sozialdemokratische Generation nach Marx und Engels beschäftigt. J. B. von Schweitzer, Lily und Heinrich Braun, Eduard Bernstein, Georg von Vollmar, Paul Kampffmeyer, Helphand-Parvus, Paul Tillich, Eduard Heimann, Hermann Heller, Carlo Mierendorff, Theodor Haubach, Julius Leber sind Beispiele dafür. Auch brauchte Gustav Dahrendorf nur an seine eigene jungsozialistische Vergangenheit anzuknüpfen, um die in der Parteidiskussion aufgeworfenen Fragen über die Notwendigkeit der Abkehr von abgestorbenen Willensimpulsen, leeren Begriffshülsen, erstarrten Lehrsätzen der kritiklosen Katecheten und orthodoxen Monopolisten zu beantworten. Undoktrinär wie er war, hütete er sich aber davor, Formen und Inhalte des Sozialismus bedenkenlos „über Bord zu werfen", die in ihrem Kern unverletzlich und unabdingbar sind. Er wusste, dass man die Geschichte der sozialdemokratischen Bewegung nicht einfach umstülpen kann; was dabei herauskommt, zeigen ja gerade als Schulbeispiele die unaufhörlichen Metamorphosen, die dialektischen und taktischen Purzelbäume des deutschen Kommunismus. Neuordnung und Tradition waren für ihn die charakteristischen Wesenszüge der über neunzigjährigen Geschichte der Sozialdemokratie, und in dieser Spannung rundete sich für ihn die Welt unseres Jahrhunderts.

Der idealistische Realist

Nur eine verhältnismäßig kurze Spanne Zeit, zu leben und zu wirken ist diesem unermüdlichen Werkmann am Bau einer sozialen Weltordnung vergönnt gewesen. Er stand auf der Höhe der vollen Entfaltung seiner ungewöhnlichen schöpferischen Fähigkeiten, als er am Morgen des 30. Oktober 1954 in Braunlage im Harz, wo er Heilung von einem schweren Herzleiden suchte, erst 53jährig, dem unerbittlichen Tod anheimfiel. Sucht man nach einem charakteristischen Merkmal seines unkontemplativen Wesens, kommt einem die Stelle in Goethes Wilhelm Meister in den Sinn, die da lautet: „Wie kann man sich selbst kennen lernen? Durch Betrachten niemals, wohl aber durch Handeln. Versuche deine Pflicht zu tun, und du weißt gleich, was an dir ist."
Nun, alle die mit Gustav Dahrendorf zusammenarbeiteten, die seine konstruktive Leistung zu beurteilen vermögen oder die ihm irgendwann einmal in so vielen Bereichen öffentlicher Wirksamkeit begegneten, wissen, dass das Handeln das bewegende Element seines tätigen Lebens war. Ständig wachsende Aufgaben wurden ihm zu ständig wachsenden Pflichten und die Pflichten ordnete er zielstrebig einer immer größer werdenden Verantwortung ein.
Überschaut man dieses Dasein, vor allem mit dem Blick auf die Schnitt- und Höhepunkte seiner vorwärtsdrängenden Bemühungen, wird man es nur mit Respekt und Dankbarkeit tun können. Man müsste aber neben seinem starken Willen und seiner klaren Verstandeskraft auch seine selbstlose Güte loben, seine Hilfsbereitschaft, die heitere Gelassenheit und den tiefen Ernst, Würde und Adel seines untadeligen Charakters. Jedoch in der Geschichte, der dieses Leben schon zugehört, zählt der Mensch nur nach seinen Leistungen. Hier gilt es aufzurechnen, und was die Summe ergibt, sollte den Gleichgesinnten ein nachstrebenswertes Vorbild sein. Immer wieder entzündete sich seine leidenschaftliche Aktivität an einem idealistischen Realismus, in dem er auch die eigentliche Triebfeder der modernen Arbeiterbewegung sah. Als ein unbestrittener Repräsentant der freien Gemeinwirtschaft, die ohne die Konsumgenossenschaften und ihre Produktions- und Handelsstätten nicht zu denken ist, wurde er zum bahnbrechenden Helfer an einem großen Werke, dass das Modell einer kommenden sozialen Gemeinschaft in seinem Schoße trägt.

Quellen

Gustav Dahrendorf:

Ein Jahr danach: Die Lehren des 20. Juli 1944
Erstveröffentlichung in der Zeitung „*Das Volk*" vom 20. Juli 1945.

Der 20. Juli 1944, seine Hintergründe und seine
staatspolitischen Ziele.
Von Ralf Dahrendorf ausgearbeitetes Stichwort-Manuskript
eines Vortrages im Sommer 1949 in der Hamburger Universität.
Erstveröffentlichung in Gustav Dahrendorf, Der Mensch – das Maß
aller Dinge, hg. von Ralf Dahrendorf, Hamburg 1955, Seite 69 ff.

Das taten sie für Deutschland: Wilhelm Leuschner
Erstveröffentlichung als Manuskript einer Sendung
am 27. April 1951 im Nordwestdeutschen Rundfunk, Hamburg.

Adolf Reichweins letzte Tage
Manuskript, wahrscheinlich aus dem Jahr 1946 oder 1947.
Erstveröffentlichung in Gustav Dahrendorf, Der Mensch – das
Maß aller Dinge, hg. von Ralf Dahrendorf, Hamburg 1955,
Seite 81 .

Dr. Julius Leber – Mensch und Kämpfer
Erstveröffentlichung im Berliner „*Telegraph*" vom 7. Januar 1947.

Walter G. Oschilewski: Gustav Dahrendorf. Ein Kämpferleben
Erstveröffentlichung Berlin 1955.

Da die Rechteinhaber an der Biographie nicht ermittelt werden
konnten, werden sie gebeten, sich beim Verlag zu melden.